GRAMÁTICA MARCHA CRIANÇA

2º ANO

CB138512

Maria Teresa Marsico

Professora graduada em Letras pela Universidade Federal do Rio de Janeiro (UFRJ) e em Pedagogia pela Sociedade Unificada de Ensino Superior Augusto Motta. Atuou por mais de trinta anos como professora de Educação Infantil e Ensino Fundamental das redes municipal e particular de ensino no município do Rio de Janeiro.

Maria Elisabete Martins Antunes

Professora graduada em Letras pela Universidade Federal do Rio de Janeiro (UFRJ). Atuou durante trinta anos como professora titular em turmas do 1º ao 5º ano na rede municipal de ensino do Rio de Janeiro.

Armando Coelho de Carvalho Neto

Atua desde 1981 com alunos da rede oficial de ensino e professores das redes oficial e particular do Rio de Janeiro. Desenvolve pesquisas e estudos sobre metodologias e teorias modernas de aprendizado. É autor de obras didáticas para Ensino Fundamental e Educação Infantil desde 1993.

Agora você também consegue acessar o *site* exclusivo da **Coleção Marcha Criança** por meio deste QR code.

Basta fazer o *download* de um leitor QR code e posicionar a câmera de seu celular ou *tablet* como se fosse fotografar a imagem acima.

editora scipione

editora scipione

Diretoria editorial
Lidiane Vivaldini Olo
Gerência editorial
Luiz Tonolli
Editoria de Anos Iniciais
Tatiany Telles Renó
Edição
Miriam Mayumi Nakamura e
Duda Albuquerque / DB Produções Editoriais (colaborador)
Gerência de produção editorial
Ricardo de Gan Braga
Arte
Andréa Dellamagna (coord. de criação),
Gláucia Correa Koller (progr. visual de capa e miolo),
Leandro Hiroshi Kanno (coord. de arte),
Fábio Cavalcante (editor de arte) e
JS Design Comunicação Visual (diagram.)
Revisão
Hélia de Jesus Gonsaga (ger.),
Rosângela Muricy (coord.),
Gabriela Macedo de Andrade,
Paula Teixeira de Jesus, Vanessa de Paula Santos,
Brenda Morais e Gabriela Miragaia (estagiárias)
Iconografia
Sílvio Kligin (superv.),
Denise Durand Kremer (coord.),
Ana Vidotti (pesquisa),
Cesar Wolf e Fernanda Crevin (tratamento de imagem)
Ilustrações
ArtefatoZ (capa) e Ilustra Cartoon (aberturas de unidade e miolo)

Direitos desta edição cedidos à Editora Scipione S.A.
Av. das Nações Unidas, 7221, 1º andar, Setor D
Pinheiros – São Paulo – SP – CEP 05425-902
Tel.: 4003-3061
www.scipione.com.br / atendimento@scipione.com.br

Dados Internacionais de Catalogação na Publicação (CIP)
(Câmara Brasileira do Livro, SP, Brasil)

Marsico, Maria Teresa
Marcha criança : gramática / Maria Teresa Marsico, Armando Coelho de Carvalho Neto, Maria Elisabete Martins Antunes. – 2. ed. – São Paulo : Scipione, 2016.
Obra em 5 v. para alunos do 1º ao 5º ano.
Bibliografia.
1. Português - Gramática (Ensino fundamental) I. Carvalho Neto, Armando Coelho de. II. Antunes, Maria Elisabete Martins. III. Título.

16-01779 CDD–372.61

Índices para catálogo sistemático:
1. Gramática : Português : Ensino fundamental 372.61
2. Português : Gramática : Ensino fundamental 372.61

2017
ISBN 978 85262 9859 0 (AL)
ISBN 978 85262 9860 6 (PR)
Cód. da obra CL 738836
CAE 565 603 (AL) / 565 604 (PR)

2ª edição
1ª impressão

Impressão e acabamento
Vox Gráfica

Os textos sem referência são de autoria de Maria Teresa Marsico, Maria Elisabete Martins Antunes e Armando Coelho.

Apresentação

Caro aluno, cara aluna,

Pensando em ajudá-los a se tornar leitores e escritores competentes, apresentamos agora a coleção **Marcha Criança Gramática**, totalmente reformulada.

Nela vocês encontram atividades que devem prepará-los para dominar uma das maiores realizações humanas: o ato de escrever!

Descobrindo alguns segredos da língua portuguesa, como a combinação de sinais, letras, palavras, ideias, vocês vão dar forma a textos e sentir cada vez mais o prazer de ler e escrever. Também vão se divertir com o Caderno de Jogos!

Esperamos que gostem da coleção e com ela aprendam muito!

Bons estudos!

Os autores.

ArtefatoZ/Arquivo da editora

Conheça seu livro

Veja a seguir como o seu livro está organizado.

Unidade

Seu livro está organizado em quatro Unidades, com aberturas em páginas duplas. Em **O que vou estudar?** você encontra os tópicos do que vai aprender na respectiva Unidade.

Capítulo

Cada Unidade subdivide-se em capítulos. As aberturas dos capítulos trazem textos e imagens que introduzem o assunto que será trabalhado. Algumas definições de conteúdo são destacadas em boxes.

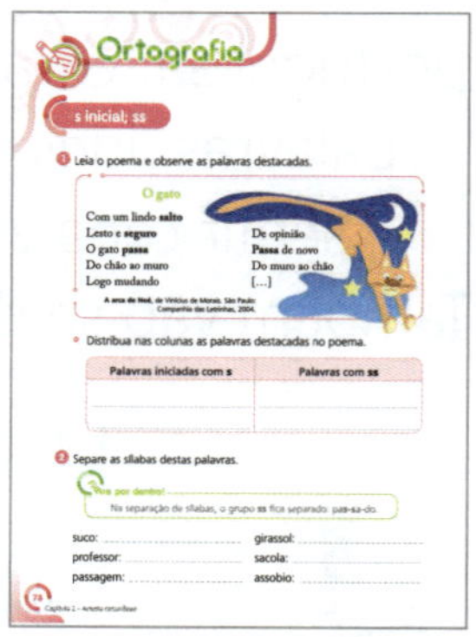

Ortografia

Nesta seção, você vai conhecer regras ortográficas e realizar várias atividades para fixar seu aprendizado.

Fique por dentro!

O boxe **Fique por dentro!** traz dicas e lembretes que vão facilitar seus estudos.

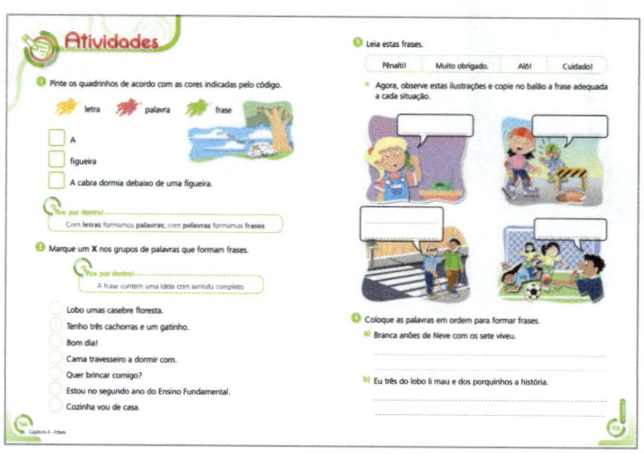

Atividades

Nesta seção, você vai aplicar e retomar as principais ideias do que aprendeu na abertura do capítulo.
Algumas atividades são acompanhadas de ícones, que indicam quando elas devem ser feitas oralmente, no caderno ou em grupo.

Ideias em ação

Esta seção aparece ao final de cada Unidade, em página dupla. Com base em uma imagem, são retomados alguns conteúdos estudados no decorrer da Unidade.

No dia a dia

Nesta seção, você vai estudar a gramática em situações de uso e compreender que ela está presente em nosso dia a dia.

De olho no dicionário

Aqui, você vai aprender a usar o dicionário, uma importante ferramenta de consulta.

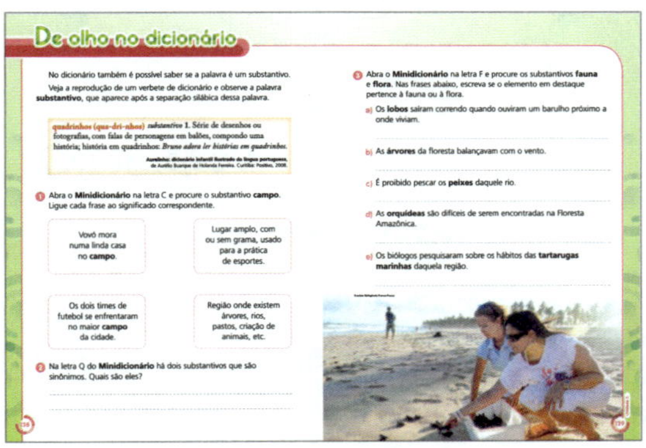

Sugestões de leitura

No final do livro, você vai encontrar indicações de leitura para complementar seus estudos.

Quando você encontrar estes ícones, fique atento!

- atividade em grupo
- atividade no caderno
- atividade oral

Material de apoio

Com o **Minidicionário**, você vai estudar a gramática de um jeito muito divertido!

Sumário

Unidade 1

O que vou estudar?

- Alfabeto
- Vogais e consoantes
- Letras maiúsculas e minúsculas
- Encontros vocálicos
- Encontros consonantais
- Sílaba

RODA-GIGANTE
MONTANHA-RUSSA
BATE-BATE
JOGOS

Capítulo 1

O alfabeto

A língua pode ser falada ou escrita. Observe as situações abaixo e converse sobre elas com os colegas.

Monkey Business Imagesracorn/Shutterstock

Língua falada ou língua oral

Divulgação/BlueSky Studios/20th Century-Fox

Língua escrita

- Pela expressão no rosto das crianças que ouvem e pelos gestos da menina que está falando, o assunto da conversa é alegre ou triste?

....

- Você entendeu o que está escrito no cartaz?

....

....

Como você viu, na **fala** usamos os **sons** e na **escrita** usamos **letras**.

> O conjunto de letras que usamos para escrever as palavras é chamado de **alfabeto** ou **abecedário**.

O alfabeto da língua portuguesa tem 26 letras.

As letras podem ser maiúsculas ou minúsculas. Veja:

Alfabeto maiúsculo

A A	B B	C C	D D	E E	F F	G G
H H	I I	J J	K K	L L	M M	N N
O O	P P	Q Q	R R	S S	T T	U U
V V	W W	X X	Y Y	Z Z		

Alfabeto minúsculo

a a	b b	c c	d d	e e	f f	g g
h h	i i	j j	k k	l l	m m	n n
o o	p p	q q	r r	s s	t t	u u
v v	w w	x x	y y	z z		

Atividades

1 Forme palavras com as letras do quadro e escreva-as de acordo com o que se pede. **Dica**: vale repetir as letras.

b	a	p	l
i	n	t	o

a) Nome de uma fruta com 6 letras: ....

b) Nome de um doce com 4 letras: ....

c) Nome de um brinquedo com 4 letras: ....

d) Nome de um animal com 3 letras: ....

2 Escreva o alfabeto com:

a) letras maiúsculas;

b) letras minúsculas.

3 Circule as palavras escritas com letras maiúsculas.

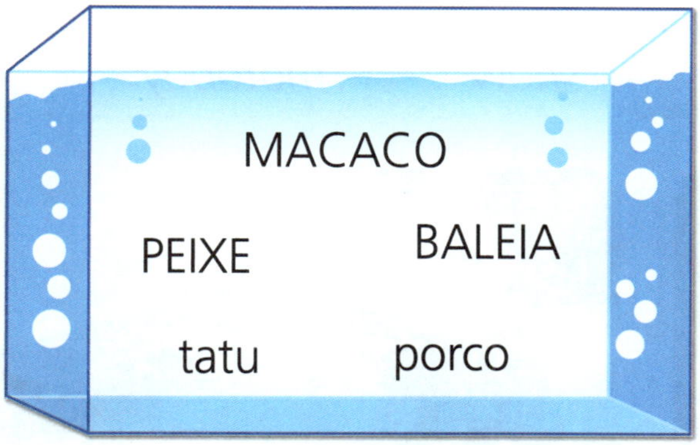

- Agora, copie as palavras escritas com letras minúsculas.

....

....

....

4 Pinte no alfabeto as letras que formam seu nome.

A	B	C	D	E	F	G	H	I	J	K	L	M
N	O	P	Q	R	S	T	U	V	W	X	Y	Z

Fique por dentro!

Nomes de pessoas começam com letra maiúscula.

- Agora, escreva-o.

....

5 Escreva o nome destas pessoas. Consulte o quadro.

Sr. Wilson   Karla   Yuri

....

Fique por dentro!

As letras **k**, **w** e **y** são usadas em palavras de origem estrangeira.

6 Copie as palavras do quadro embaixo das figuras correspondentes.

skate	*yorkshire*	*show*	*motoboy*

Utekhina Anna/Shutterstock

Kzenon/Shutterstock

Armando Paiva/Fotoarena

pio3/Shutterstock

....

7 Complete a cruzadinha e forme o nome de seis pessoas.

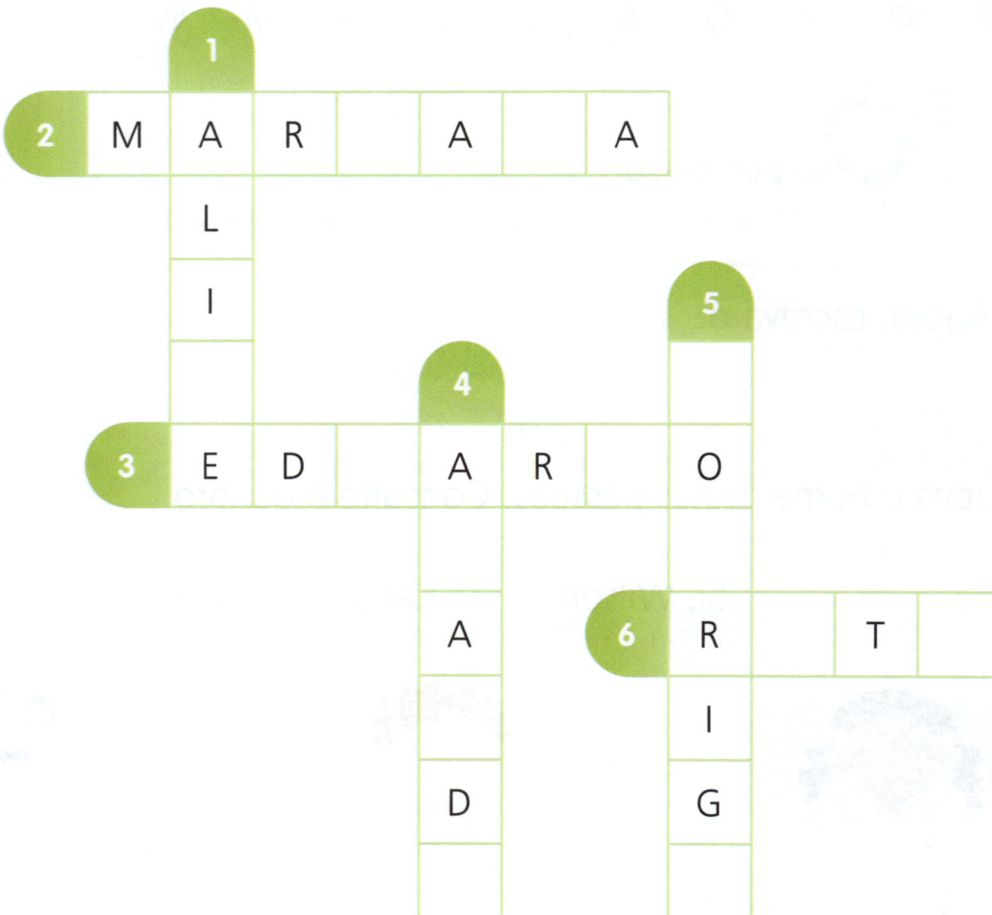

- Agora, escreva os nomes que você formou.

  Nomes femininos: ....

  Nomes masculinos: ....

8 Escreva o nome:

a) da rua onde você mora. ....

b) de uma cidade. ....

c) do estado onde você mora. ....

d) de um país que você gostaria de conhecer. ....

Fique por dentro!

Nomes de ruas, cidades, estados e países começam com letra maiúscula.

9 Leia este texto, retirado de uma revista. Depois, circule as palavras que devem iniciar com letra maiúscula.

A princesa virou sapa!

no mundo dos contos de fadas, o beijo de uma princesa sempre transforma o sapo mais gosmento em um lindo príncipe. mas e se o encantamento falhasse e ela é que virasse sapa? esse é o desafio que a garota tiana encara no filme **a princesa e o sapo.**

[...]

Disney Enterprises Inc./Divulgação/Editora Abril

Recreio. São Paulo: Abril, ano 10, n. 509, 10 dez. 2009. (Texto adaptado).

- Agora, reescreva o trecho, fazendo a correção.

....

....

....

Fique por dentro!

Usamos letra maiúscula no início das frases e nos títulos de filmes.

Ortografia

b, p

1 Leia as palavras do quadro e copie-as embaixo das figuras correspondentes.

pomba	bote	pote	bomba

koya979/Shutterstock

Aksenova Natalya/ Shutterstock

....

Slavoljub Pantelic/ Shutterstock

kosam/Shutterstock

....

2 Troque a letra **p** pela letra **b** e descubra outras palavras.

par não é ....

parquinho não é ....

picada não é ....

panda não é ....

3 Complete as frases com as palavras entre parênteses.

a) O .... não .... ficar solto! (pode/bode)

b) Só uma .... não ....para levar todos os livros. (pasta/basta)

c) Meu avô fez uma .... para proteger a ....
(parreira/barreira)

4 Complete as palavras com **b** ou **p**. Depois, copie-as.

Lentilka/Shutterstock

a.........ó.........ora

....

Paul S. Wolf/Shutterstock

.........aleia

....

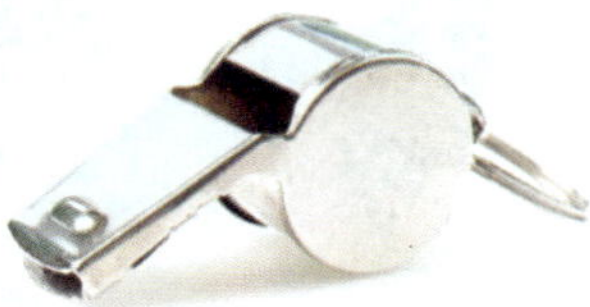

Pamela Uyttendaele/
Shutterstock

a.........ito

....

SEEDLING/Shutterstock

.........a.........agaio

....

Ian 2010/Shutterstock

.........anana

....

Aleksey Krivets/Shutterstock

sa.........o

....

5 Ligue as figuras cujos nomes começam com a mesma letra.

Vereshchagin Dmitry/
Shutterstock

Luis Carlos Torres/
Shutterstock

GeniusKp/Shutterstock

bat-2/Shutterstock

De olho no dicionário

Em todo lugar, estamos rodeados pelas palavras! Elas estão por toda parte, você já reparou?

Quanto melhor soubermos lidar com as palavras, maior e melhor será nossa capacidade de falar e de escrever. Mas, se há tantas palavras, como saber o significado de cada uma delas?

Para isso existe o **DICIONÁRIO**!

wong sze yuen/Shutterstock

Reprodução/Editora Positivo

Reprodução/Editora Ática

Os dicionários mostram o significado das palavras e o modo como elas devem ser escritas. Eles são importantes fontes de informação.

Leia o significado das palavras abaixo, retiradas das páginas de um dicionário.

em-bo-lar v. t.d. **1.** transformar-se em bolo <e. a massa> t.d., int. e pron. **2.** enrolar(-se), emaranhar(-se), desenrolar(-se) **3.** confundir(-se), misturar(-se) <e. as contas> t.d. e int. **4.** formar um bolo (no estômago); embrulhar t.d. e pron. **5.** envolver(-se), enrolar(-se) <e. o filho na manta> <e. -se nas cobertas> [origem: em- + bolo + -ar].

em-po-lar v. t.d. **1.** (fazer) ficar com bolhas na pele, no corpo t.d. e pron. **2.** fig. tornar(-se) pomposo, exagerado **3.** tornar(-se) agitado (esp. o mar); encapelar(-se) ◆ empolamento s.m.

Minidicionário Houaiss da língua portuguesa, de Antônio Houaiss e Mauro de Salles Villar. Rio de Janeiro: Objetiva, 2009.

Agora, complete as frases com as palavras adequadas.

Minha pele ficou toda

....

por causa da queimadura.

A gatinha ficou

....

no novelo de lã.

No dia a dia

Você já reparou que no dia a dia encontramos palavras escritas por toda a nossa volta? Todas elas são escritas com as letras do alfabeto.

- Pesquise em jornais, revistas, folhetos, embalagens, etc. uma palavra iniciada com cada uma das 26 letras do alfabeto. Recorte-as e cole-as a seguir.

Capítulo 2
Ordem alfabética

Observe.

As letras do alfabeto seguem uma ordem.

A ordem em que as letras aparecem no alfabeto é chamada de **ordem alfabética**.

Precisamos usar a ordem alfabética em muitas situações.

Os dicionários e as agendas telefônicas seguem a ordem alfabética.

Para organizar as palavras em ordem alfabética, observamos a primeira letra de cada uma delas. Veja:

AMANDA
BIANCA
CAIO

Se a primeira letra for igual, observamos a segunda letra.

primeira letra igual

RAQUEL
RENATO
RICARDO

segunda letra diferente

Se a segunda letra também for igual, observamos a terceira letra.

primeira e segunda letras iguais

ANA
ANGELINA
ANTÔNIO

terceira letra diferente

Atividades

1 Que letras faltam na cartela? Descubra e escreva-as.

A	B	C	....	E	....	G	....	....	J	....	L	....
N	....	P	Q	R	S	....	U	....	W	....	....	Z

2 Junte-se a um colega e escrevam cinco nomes de animais que começam com as letras indicadas nos quadros abaixo.

C	....

P	....

- Agora, copie em ordem alfabética os nomes que você escreveu.

1 ....
2 ....
3 ....
4 ....
5 ....
6 ....
7 ....
8 ....
9 ....
10 ....

3 Qual é a palavra escondida? Para descobrir, substitua cada letra pela letra que vem depois dela no alfabeto. Veja o exemplo.

C	H	M	G	D	H	Q	N
D	....	....	....	....	....	....	....

Reprodução/Casa da Moeda do Brasil/Ministério da Fazenda

4 Escreva o nome das frutas embaixo de cada foto.

Pakhnyushcha/Shutterstock/Imageplus

Vinicius Tupinamba/Shutterstock/Imageplus

Alex Staroseltsev/Shutterstock/Imageplus

Elena Schweitzer/Shutterstock/Imageplus

- Agora, copie em ordem alfabética os nomes que você escreveu. O primeiro nome já está pronto.

m	a	n	g	a			

- Note que todas as frutas começam com a mesma letra. Que letra é essa? No alfabeto, qual letra vem depois?

- Procure em um dicionário outras cinco palavras que começam com **n** e escreva-as abaixo, em ordem alfabética.

5 Que caminho o menino deve seguir para chegar ao outro lado da rua?
Dica: no caminho correto, as palavras estão em ordem alfabética.

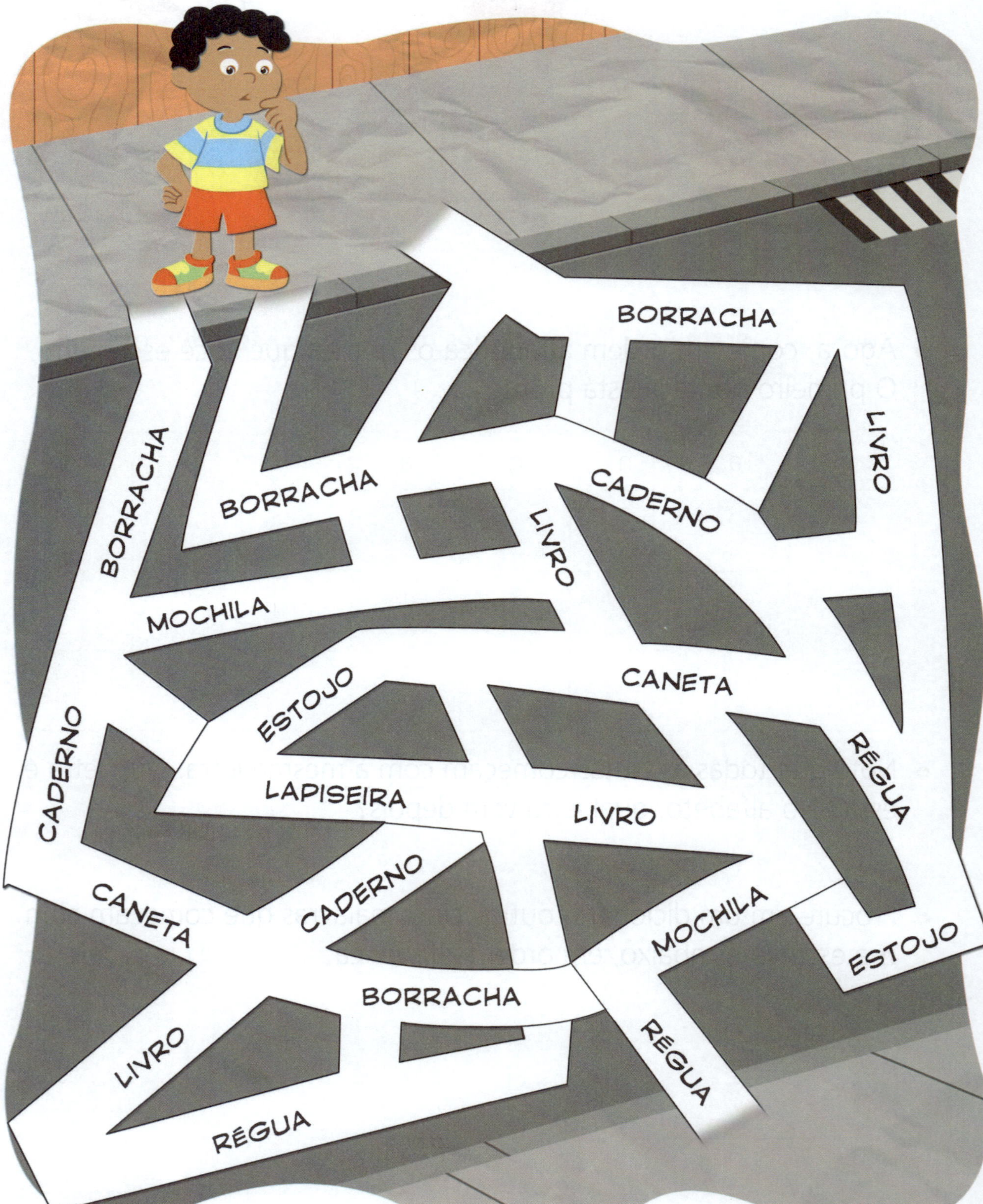

6 Escreva o que se pede.

a) Cinco palavras iniciadas com a primeira letra do alfabeto.

....

....

b) Cinco palavras iniciadas com a sexta letra do alfabeto.

....

....

....

7 Circule no diagrama os nomes de três meios de transporte e três meios de comunicação.

M	B	C	Z	L	J	G	D	A	P	I	R	B	I	C	I	C	L	E	T	A
E	Q	N	C	A	R	R	O	I	U	R	W	H	L	H	F	G	K	J	E	B
L	S	S	U	I	V	A	I	P	O	B	N	B	L	E	I	P	O	L	H	Q
X	M	O	T	O	C	I	C	L	E	T	A	C	F	D	U	S	H	A	P	T
Z	G	R	E	T	U	Q	U	E	I	T	R	T	E	L	E	F	O	N	E	T
C	O	M	P	U	T	A	D	O	R	S	E	P	O	L	H	G	F	E	I	D
V	G	J	W	F	G	K	J	U	L	R	T	X	L	E	I	P	O	P	A	E
A	B	L	E	I	P	O	L	H	G	F	D	T	E	L	E	V	I	S	Ã	O

a) Quais palavras encontradas começam com a mesma letra?

....

b) Escreva em ordem alfabética os nomes encontrados.

Meios de transporte	Meios de comunicação
....	....
....	....
....	....

Ortografia

d, t

1 Leia os quadrinhos e observe as palavras destacadas.

- Agora, complete.

Nas palavras **Tadeu**, **dentista**, **dentes** e **direito** aparecem as letras .... e ....

Fique por dentro!

As letras **d** e **t** têm sons parecidos.

2 Diga o nome das figuras em voz alta e escreva a letra inicial de cada palavra pronunciada.

[1]

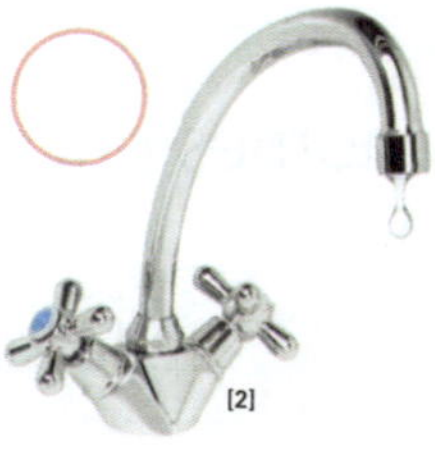
[2]

[3]

[4]

[5]

[6]

[7]

[8]

3 Forme outras palavras trocando a letra **d** pela letra **t**.

nada ⟶ .... dedo ⟶ ....

vendo ⟶ .... pode ⟶ ....

gado ⟶ .... dia ⟶ ....

a) Agora, complete as frases com algumas das palavras formadas.

O .... miava sem parar no telhado. Então, minha .... colocou um .... de leite no chão. Ele sabe que pode descer e tomar seu leite com segurança.

b) Pinte as figuras de acordo com as cores indicadas pelo código.

 animal  objeto

c) Agora, escreva o nome de cada figura. **Dica**: os nomes têm a letra **t**.

....

4 Complete a cruzadinha com as letras **d** e **t**.

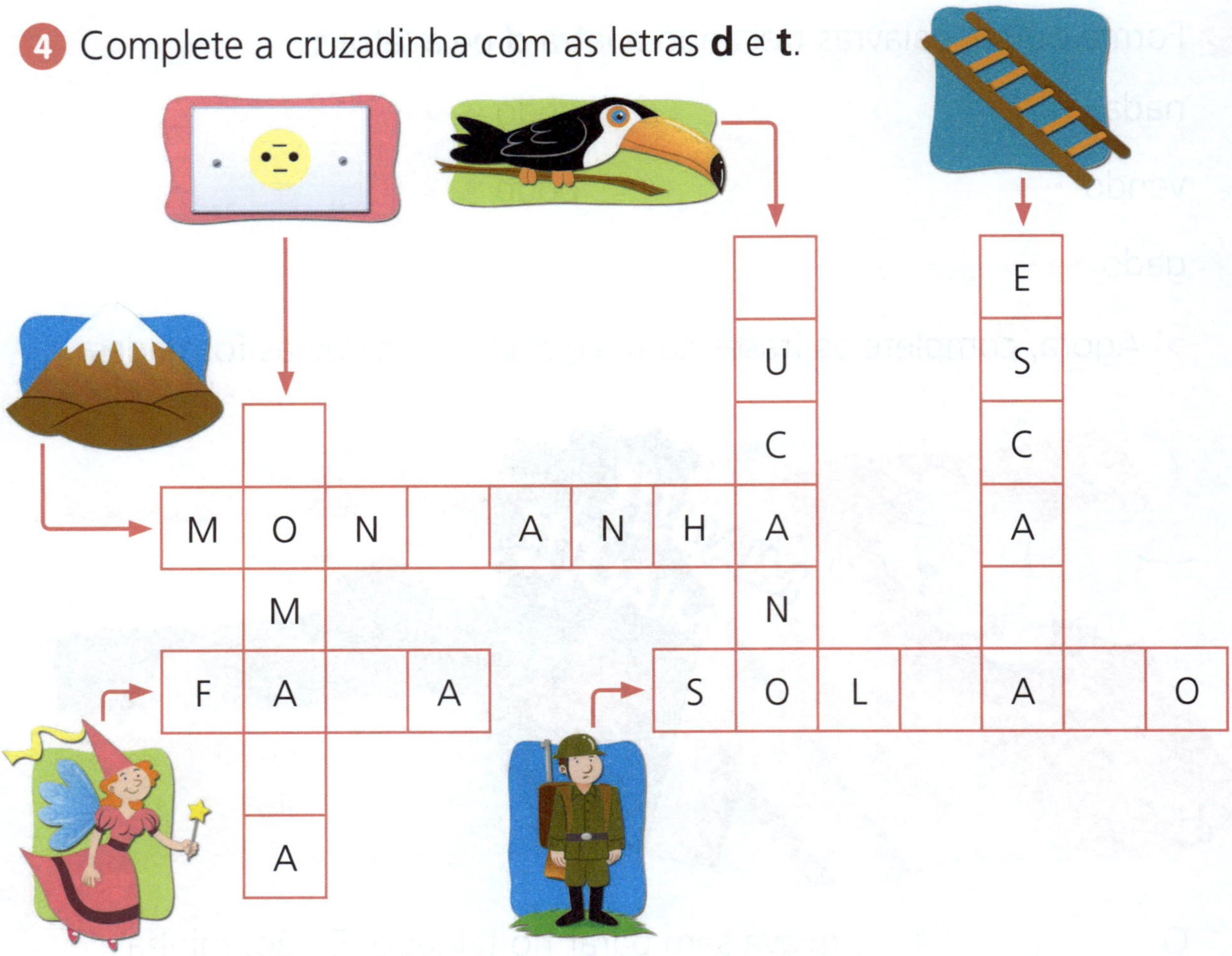

5 O que é, o que é? Responda escrevendo as letras que faltam para completar as palavras.

a) Mamífero de unhas compridas que cava buracos na terra.

.......a.......u

b) É usado em vários jogos, tem 6 lados com pontos de 1 a 6.

.......a.......o

c) Relógio programado para tocar na hora que você desejar.

.......esper.......a.......or

d) Mamífero de focinho comprido que se alimenta de insetos que ele apanha com a língua.

.......aman.......uá

e) Parte do dia que vem depois da manhã e antes da noite.

.......ar.......e

6 Complete as frases escrevendo os números por extenso.

a) Marta já leu **19** livros da biblioteca.

Marta já leu .... livros da biblioteca.

b) Diogo precisa de **7** figurinhas para completar seu álbum.

Diogo precisa de .... figurinhas para completar seu álbum.

c) Letícia tem **10** anos e Luísa tem **8** anos.

Letícia tem .... anos e Luísa tem .... anos.

d) André gastou **12** reais no lanche da escola.

André gastou .... reais no lanche da escola.

7 Circule no diagrama os nomes das figuras e escreva-os embaixo delas.

T	E	S	O	U	R	A	D	A	P	I	R	V	C	A	D	E	I	R	A	P
E	Q	N	A	Q	Y	U	W	B	D	R	W	A	O	I	F	A	G	A	T	E
L	B	I	C	I	T	S	P	Q	U	E	N	L	S	T	A	P	E	T	E	O
X	M	H	T	O	C	I	C	O	U	S	P	U	G	P	Q	U	E	N	E	Q
Z	G	T	O	M	A	T	E	N	E	T	R	H	L	B	I	C	I	T	S	P
C	O	M	P	T	S	A	P	A	T	O	E	J	K	M	O	E	D	A	L	B

....

....

De olho no dicionário

No dicionário, as palavras são apresentadas em ordem alfabética. Por isso é importante você conhecer bem essa ordem, o que o ajudará a encontrar mais rápido uma palavra.

Verbete é o nome dado a cada uma das palavras acompanhada de seu(s) significado(s).

12

amigo ~ animal

a b c d e f g h i j k l m n o p q r s t u v w x y z

amigo (a.mi.go) *adj e sm* **1.** Que ou aquele que ama, que estima; *sm* **2.** pessoa que se liga a outra por laços de amizade.

amizade (a.mi.za.de) *sf* Simpatia, carinho, afeto e respeito entre as pessoas (*A amizade entre os dois iniciou-se no maternal.*).

amor (a.mor) (ô) *sm* Afeto de uma pessoa por outra.

amora (a.mo.ra) *sf* Fruto pequeno e muito escuro que dá na amoreira e é usado em sucos e doces (*Alvinho sujou a camiseta branca com suco de amora.*).

amoreira (a.mo.rei.ra) *sf* Planta que produz a amora (*As folhas da amoreira são o alimento do bicho-da-seda.*).

amplo (am.plo) *adj* Extenso, de grandes tamanhos (*A escola possui salas amplas.*).

ampulheta (am.pu.lhe.ta) (ê) *sf* Instrumento para medir o tempo, com dois vasos transparentes que se unem por um pequeno buraco, por onde passa areia finíssima do vaso que está em cima para o de baixo (*A cozinheira mede o tempo de preparo dos ovos com uma ampulheta de quatro minutos.*).

Ampulheta

analfabeto (a.nal.fa.be.to) *adj* Que não sabe ler nem escrever (*Anastácia matriculou-se na escola porque era analfabeta e queria muito ler as cartas dos netos.*).

anão (a.não) *sm* Pessoa cuja altura é muito abaixo do normal (*A princesa precisou juntar a cama de três anões para poder se deitar.*). *Fem* **anã**. *Pl* **anões**.

anatomia (a.na.to.mi.a) *sf* Ciência que estuda a estrutura dos seres vivos.

ancestral (an.ces.tral) *s 2 gên* **1.** Pessoa da qual outras descendem; **2.** relativo a ou próprio da pessoa de quem se descende.

âncora (ân.co.ra) *sf* **1.** Peça pesada de ferro que é presa em uma corda ou corrente em uma embarcação e jogada ao fundo da água para que essa embarcação fique parada; *s 2 gên* **2.** jornalista que dirige um telejornal (*Ângelo é o âncora do telejornal das sete.*).

andar (an.dar) *vi* **1.** Dar passos, mover-se (*Áurea gosta de andar a pé.*); **2.** passar (o tempo) (*As horas andam muito depressa!*); **3.** funcionar (*Depois do conserto, a bicicleta anda sem fazer barulho.*); **4.** viver (em certo estado ou situação) (*Depois de tirar o gesso da perna, o pai do Arquimedes passou a andar sem bengala.*); *vti* **5.** agir; *vtd* **6.** percorrer; *sm* **7.** modo de andar (*Arlene tem um andar cheio de graça.*); **8.** piso de um edifício (*Aroldo mora no primeiro andar.*); **9.** camada (*O bolo de aniversário de Arminda tem dois andares.*).

andorinha (an.do.ri.nha) *sf* Ave que se alimenta só de insetos e viaja longas distâncias (*A andorinha abre o bico negro e largo e pega os insetos enquanto está voando.*).

anexar (a.ne.xar) (cs) *vtd e vi* Ligar, juntar.

anexo (a.ne.xo) (cs) *adj* **1.** Junto, ligado; *sm* **2.** aquilo que está ligado a outra coisa (*A biblioteca da escola fica no anexo construído ao lado da quadra.*); **3.** *Inform* arquivo enviado junto com a mensagem eletrônica (*Azis enviou um e-mail para Arícia com um anexo: uma foto em que eles estão se beijando.*).

anfíbio (an.fí.bio) *sm e adj* **1.** Diz-se dos ou os animais e plantas que vivem na terra e na água (*O anfíbio nasce na água e, quando adulto, também vive na terra. As rãs, os sapos e as salamandras são animais anfíbios.*); *adj* **2.** diz-se do veículo (carro, avião, tanque) que pode circular na terra e na água (*O avião anfíbio levantou voo do meio do lago.*).

ângulo (ân.gu.lo) *sm* **1.** Canto, esquina (*Machucou o braço no ângulo da mesa quando estava fugindo do irmão.*); **2.** espaço que fica entre duas linhas que se encontram em um mesmo ponto (*O ângulo pode ser agudo, reto ou obtuso.*).

animal (a.ni.mal) *sm* **1.** Ser vivo organizado, com sensibilidade e capaz de se mover (*O homem e o cachorro são animais de diferentes espécies.*); *adj 2 gên* **2.** referente ou pertencente aos animais (*Ontem passou na tevê um programa sobre o mundo animal.*).

Saraiva Júnior - Dicionário da Língua Portuguesa Ilustrado. São Paulo. Saraiva, 2008.

1 Consulte a página ao lado e escreva:

a) a letra que indica a inicial dos verbetes; ◯

b) a palavra que indica o primeiro verbete da página;

....

c) a palavra que indica o último verbete da página;

....

2 Consulte o **Minidicionário** para responder.

a) Qual é o número da página e qual é a letra que indica a inicial dos seguintes verbetes?

abobrinha ◯ ◯

bando ◯ ◯

cheio ◯ ◯

jangada ◯ ◯

zoológico ◯ ◯

b) Qual é o verbete que vem logo depois de **abobrinha**?

....

c) Que verbete aparece entre **jabuti** e **jangada**?

....

d) Que verbete está entre **bando** e **beneficente**?

....

e) Qual é o último verbete das letras abaixo?

Ⓐ .... Ⓩ ....

Capítulo 3

Vogais: encontros vocálicos

Vogais

Leia esta tirinha do personagem Cebolinha e observe as letras destacadas.

Cebolinha, de Mauricio de Sousa. São Paulo: Panini Comics, n. 48, jul. 2015.

As letras destacadas são as vogais.

Veja as **vogais** maiúsculas e as minúsculas.

MAIÚSCULAS	**minúsculas**
A E I O U	a e i o u

Atividades

1 Escreva as vogais maiúsculas.

2 Escreva as vogais minúsculas.

3 Escreva seu nome completo.

- Circule as vogais do seu nome. Depois, complete a frase.

Meu nome todo tem .... letras. Dessas letras, ... são vogais.

4 Circule os grupos de letras que formam palavras.

Au, au! bzfps pqfgt lobo

Fique por dentro!

Todas as palavras devem ter pelo menos uma vogal.

5 Complete as palavras com a letra indicada nos circulos.

(a) t____rt____rug____

(o) ____cean____

(e) ____l____fant____

(u) ____r____b____

(i) ____de____a

6 Os nomes destas crianças começam com vogal. Escreva-os em ordem alfabética.

Ulisses

Eduarda

Oscar

Isabela

Ariane

(1) ____________________

(4) ____________________

(2) ____________________

(5) ____________________

(3) ____________________

7 Descubra as vogais que faltam nos nomes dos personagens e complete-os.

Ch____p____ ____z____nh____
V____rm____lh____

S____n____nh____

L____b____ M____ ____

Br____nc____ d____ N____v____

____l____d____m

C____nd____r____l____

8 Complete a cruzadinha com vogais.

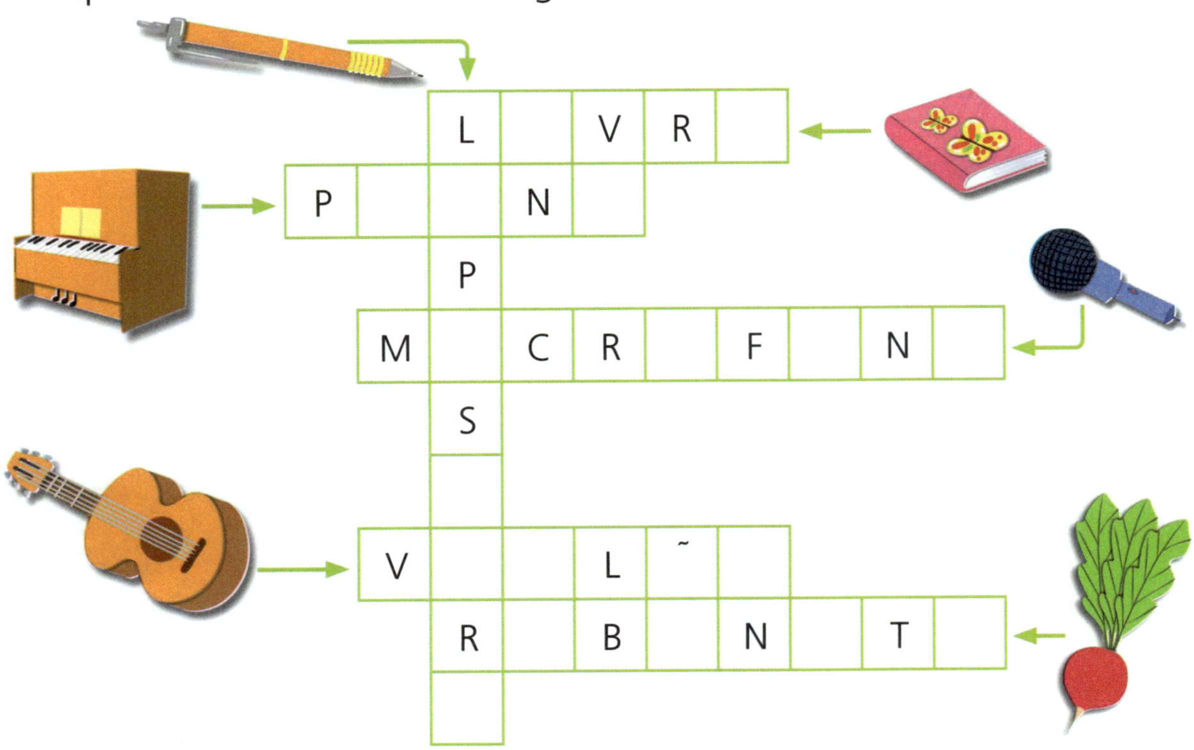

Encontros vocálicos

Releia o texto do último quadrinho da tirinha da página 34.

Observe as vogais destacadas nas palavras ditas pelo Cebolinha.

> Quando há duas ou mais vogais juntas na mesma palavra, temos um **encontro vocálico**.

- Agora, responda às charadas para ver outros exemplos.

  a) Tem asa mas não voa, tem bico mas não bica.

....

  b) A metade de dois mais dois.

....

- Circule os encontros vocálicos das palavras abaixo.

balão
lua
água

mãe
dinheiro
saída

Atividades

1 Leia esta parlenda com os colegas e circule os encontros vocálicos.

Quem é?
É o padeiro.
E o que quer?
Dinheiro.
Pode entrar
que eu vou buscar
o seu dinheiro
lá embaixo do travesseiro.

Parlenda popular.

2 Circule no diagrama os nomes dos meses do ano que têm encontro vocálico. Depois, complete as frases.

M	B	C	Z	L	J	G	D	A	P	I	R	T	G	B	T	F	C	C	I
E	Q	J	A	R	E	S	R	O	U	R	W	E	T	R	A	D	U	E	Q
J	B	I	F	E	V	E	R	E	I	R	O	K	C	O	M	K	N	T	R
X	M	O	T	F	C	C	Z	L	J	T	A	B	G	M	Q	M	A	I	O
O	U	T	U	B	R	O	O	N	E	T	R	A	D	U	E	Q	R	A	T
C	O	M	K	N	T	A	D	O	G	S	E	R	P	O	R	I	T	H	S
I	R	M	B	C	Z	L	U	J	A	N	E	I	R	O	O	U	R	W	U

a) O mês de .... tem 28 ou 29 dias.

b) No mês de .... comemora-se o Dia das Crianças.

c) .... é o primeiro mês do ano.

d) No mês de .... comemora-se o Dia das Mães.

3 Organize as letras e descubra palavras com encontro vocálico.

i a / a x c	o r / i	p i e / e x
....	....	....

4 Junte-se a um colega e escreva com ele palavras que terminem como as palavras do quadro.

padaria	doeu	falei
....	....	....
....	....	....
....	....	....
....	....	....

- Agora, circulem os encontros vocálicos das palavras que vocês escreveram.

5 Troque os símbolos pelas letras e forme palavras.

a	e	i	o	u

6 Leve o rei até o castelo percorrendo o caminho das palavras com encontro vocálico.

- Agora, copie as palavras do caminho que você percorreu.

a) Esposa do rei: ....

b) Nome de flor: ....

c) Nome de brinquedo: ....

d) Nome de inseto: ....

e) Nome de pessoa: ....

f) Nome de alimento: ....

Ortografia

c, g

1 Você conhece esta cantiga? Cante-a com os colegas.

Que está fazendo?
Lavando a louça
Pro **casamento**.

A louça é muita,
Eu sou **vagarosa**;
Minha natureza
É de preguiçosa.
[...]

Cantiga popular.

- Copie as palavras destacadas.

....

- Agora, complete:

  As letras .... e .... têm som parecido.

2 Observe os números e escreva as sílabas correspondentes para formar palavras.

1	2	3	4	5	6	7	8	9	10
co	me	di	coi	gu	ta	lo	ce	do	ga

a) 1, 5, 2, 7 ⟶ ....

b) 5, 7, 3, 8 ⟶ ....

c) 4, 6, 9 ⟶ ....

d) 1, 2, 6 ⟶ ....

e) 1, 7 ⟶ ....

f) 10, 7 ⟶ ....

3 Complete o nome das figuras com **c** ou **g**.

Cynthia Kidwell/Shutterstock

........ambá

MrBenBa/Shutterstock

........adeira

Valentyn Volkov/Shutterstock

aba........ate

RazvanZinica/Shutterstock

........aivota

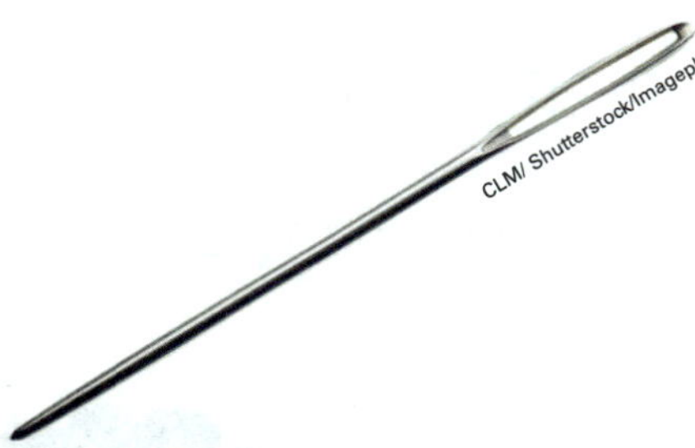
CLM/ Shutterstock/Imageplus

a........ulha

Evgeny Karandaev/Shutterstock

........al........uladora

Smileus/Shutterstock

........anoa

Eric IsseleeSmileus/ Shutterstock

........rilo

Capítulo 4

Consoantes: encontros consonantais

Consoantes

Você já sabe que todas as palavras são escritas com as 26 letras do alfabeto, que é formado por vogais e consoantes. Observe a capa do livro ao lado.

Reprodução/Editora Melhoramentos

Diga em voz alta as vogais que aparecem no título do livro. Depois escreva-as.

....

As outras letras que aparecem – **t**, **r**, **m**, **d**, **n**, **c**, **f**, **l** – são consoantes.

Veja as **consoantes** maiúsculas e as minúsculas.

MAIÚSCULAS

B	C	D	F	G	H	J	L	M
N	P	Q	R	S	T	V	X	Z

minúsculas

b	c	d	f	g	h	j	l	m
n	p	q	r	s	t	v	x	z

Agora, repare nas letras iniciais dos nomes das crianças.

A letra **k** tem som de consoante (como em **Keila**). A letra **y** tem som de vogal (como em **Yan**). A letra **w** pode ter som de vogal (no caso de **Wallace**) ou de consoante (no caso de **Wanda**).

Atividades

1 Escreva seu primeiro nome. ....

a) Quantas letras ele tem? ....

b) Quais consoantes aparecem nele? ....

2 Complete a cruzadinha com consoantes.

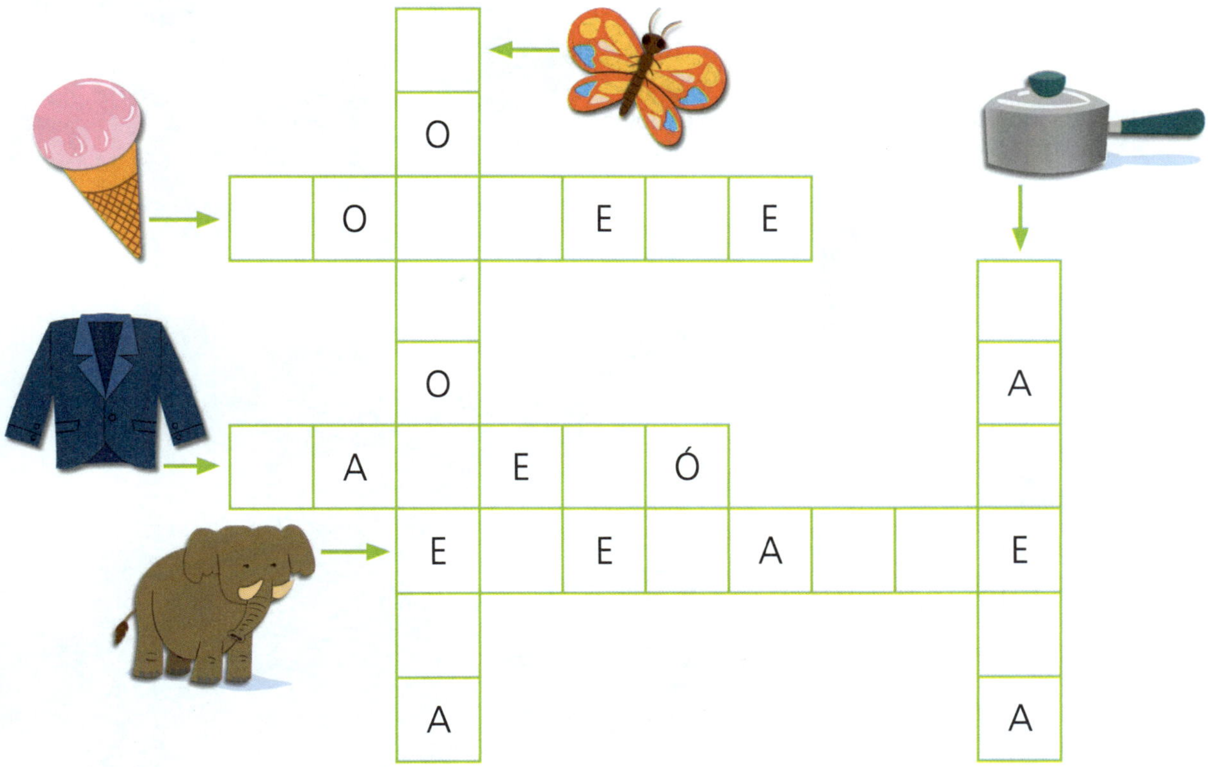

- Agora, complete cada item com uma palavra da cruzadinha.

a) Inseto que voa: ....

b) Utensílio de cozinha: ....

c) Alimento servido gelado: ....

d) Peça de roupa: ....

e) Animal pesado e que tem tromba: ....

Encontros consonantais

Leia o texto a seguir.

— Como é que o fo**lcl**ore antigo
E**st**á vivo até agora?
— Toda **cr**iação do povo
Nasce e nunca vai embora!

Os mais velhos vão passando
Para a nova geração.
Ditados, jogos, cantigas,
Hi**st**órias de assom**br**ação!

Turma da Mônica e o folclore, de Mauricio de Sousa e Yara Maura Silva. São Paulo: Melhoramentos, 2011.

Veja as consoantes que aparecem juntas nas palavras:

fo**lcl**ore — **lcl**   e**st**á, hi**st**órias — **st**

criação — **cr**   assom**br**ação — **br**

Quando duas ou mais consoantes aparecem juntas na mesma palavra e são pronunciadas, elas formam um **encontro consonantal**.

Atividades

1 Complete as frases substituindo as figuras pelas palavras do quadro.

cofre   flauta   bicicleta   bruxa   flor   crocodilo

a) Você sabe tocar  ?

Você sabe tocar ....?

b) Coloquei mais moedas no  .

Coloquei mais moedas no ....

c) Carla desenhou uma  no chapéu da  .

Carla desenhou uma .... no chapéu da ....

d) O  é um grande réptil.

O .... é um grande réptil.

e) Andei de  na ciclovia.

Andei de .... na ciclovia.

- Agora, escreva na coluna adequada as palavras das frases acima que apresentam encontro consonantal.

fl	cl	fr	br

rl	cr	gr	pt

2 Substitua os símbolos pelos encontros consonantais e descubra o que está escrito no poema.

💡	⏰	🙂	📦	🖍️	🚩	🔥
bj	st	tr	rd	gr	br	rt

Os desaparecidos

[...]
A🙂ás da parede, ...
so🚩e o teto ....
ou sob o chão,
num canto do ja📦im, ...
do pomar ou do porão,
exi⏰e um lugar ale🖍️e ....
onde o💡etos pe📦idos ....
nunca estão sós.
Vivem a se dive🔥ir, ...
rindo de nós!

Remar, rimar, de Teresa Noronha. São Paulo: Scipione, 2009.

3 Crie novas palavras acrescentando a letra **r**. Veja o exemplo.

toca troca .... gato ....

pato .... tato ....

fita .... boca ....

- Agora, circule o encontro consonantal das novas palavras.

4 Nos nomes destas crianças há encontro consonantal. Complete-os com os grupos de letras do quadro. Depois, copie-os.

Bru	Flá	Gra	Cla	dro	Gláu

@erics/Shutterstock

.................via

....

Valua Vitaly/Shutterstock

Pe.................

....

Joana Kruse/Shutterstock

.................ziela

....

kao/Shutterstock

.................ra

....

Lopolo/Shutterstock

.................cia

....

Blend Images/Shutterstock

.................no

....

5 Circule no diagrama onze palavras com encontro consonantal.

M	R	E	S	F	R	I	A	D	O	I	R	C	D	C	R	I	V	R	M	R
S	U	R	P	R	E	S	A	I	F	O	R	M	I	G	A	S	D	U	I	E
L	G	R	A	V	A	T	A	W	A	U	F	L	O	R	E	S	T	A	W	U
B	R	I	G	A	D	E	I	R	O	T	A	V	F	A	W	Q	T	R	R	D
H	U	L	R	A	A	R	T	I	S	T	A	I	Z	V	H	P	U	L	G	A
A	O	M	T	W	T	J	A	R	D	I	N	E	I	R	O	K	G	O	R	D
K	S	A	D	V	O	G	A	D	O	T	E	W	M	N	D	V	U	S	D	O
D	B	A	X	A	T	L	E	T	I	S	M	O	P	F	O	W	U	B	S	T

- Agora, escreva as palavras que você circulou e pinte os encontros consonantais.

....

....

....

Ortografia

f, v

1 Leia o texto e veja como se brinca de **Dança das cadeiras**.

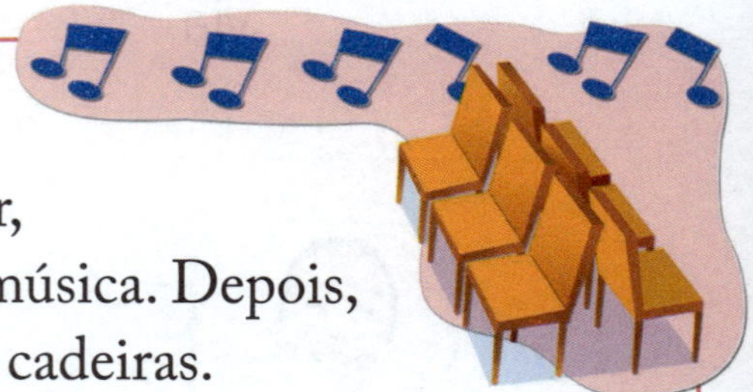

[...]

Se **você** e seus amigos quiserem brincar, escolham alguém pra **ficar** controlando a música. Depois, **formem** uma **fileira** ou um círculo com as cadeiras. Coloquem uma cadeira a menos do que o número de jogadores. Por exemplo: **nove** cadeiras para dez pessoas.

Ao som de uma música bem animada, comecem a rodar em **volta** das cadeiras com as mãos para trás. Quando a música parar, todos têm que sentar o mais rápido possível. Quem ficar em pé cai **fora**. Não esqueçam de tirar uma cadeira a cada **nova** rodada.

O **vencedor** é aquele que conseguir sentar quando sobrar uma cadeira.

[...]

Manual de brincadeiras da Mônica, de Mauricio de Sousa. São Paulo: Globo, 2003.

- Agora, copie as palavras destacadas no texto nas colunas corretas.

Palavras com **f**	Palavras com **v**

2 Complete as palavras com **va**, **ve**, **vi**, **vo**, **vu**.

chu............ ....lcão pol............ ....nezuela

na............o ....zinho ca............lo no............la

3 Complete as palavras com **f** ou **v**. Depois, ilustre-as.

............entilador	............lor

4 Escreva as palavras do quadro nos espaços corretos para completar as frases.

a) faca / vaca

Mamãe cortou meu pão com a ....

Tomei leite tirado da .... malhada.

b) fez / vez

Edu não .... o dever de casa.

Agora é sua .... de jogar.

c) feio / veio

O aluno novo .... de outra escola.

Falar mentira é um costume muito ....!

d) fila / vila

Na .... onde moro há poucos prédios.

Fiquei uma hora na .... do cinema.

Capítulo 5

Sílaba

Leia a parlenda com os colegas.

Pronuncie as letras abaixo, observando o som de cada uma.

S	O	R	V	E	T	E

Agora, leia estes três grupos de sons.

SOR	VE	TE

Cada grupo de sons de uma palavra é chamado de **sílaba**.

As palavras podem ter:

1 sílaba → um → um

2 sílabas → você → vo | cê

3 sílabas → sorvete → sor | ve | te

4 sílabas ou mais → escolhido → es | co | lhi | do

Atividades

1 Escreva o nome das frutas nos quadrinhos e indique quantas letras e quantas sílabas cada um tem. Veja o exemplo.

Dionisvera/Shutterstock

amora

| a | m | o | r | a | 5

| a | mo | ra | 3

Chiyacat/Shutterstock/Imageplus

....

Valery121283/Shutterstock

....

Paulo Vilela/Shutterstock

....

Valentyn Volkov/Shutterstock

....

Unidade 1

2 Substitua os números no poema pelas sílabas correspondentes para formar palavras e completar a cantiga.

1	2	3	4	5	6	7	8	9	10	11
ca	Jo	no	pei	a	na	xi	fun	nho	do	dar

A .... virou (1, 3, 5)
Por deixarem-na virar
Foi por causa da .... (2, 5, 6)
Que não soube remar

Se eu fosse um .... (4, 7, 9)
E soubesse .... (6, 11)
Eu tirava a .... (2, 5, 6)
Lá do .... do mar (8, 10)

Cantiga popular.

3 Observe as sílabas destacadas nos nomes das figuras. Use-as para formar uma palavra. Depois, desenhe a palavra formada.

ca**ma**

casaco

copo

....

4 Escreva o nome das figuras, separando-o em sílabas. **Dica**: palavras com uma sílaba não podem ser separadas.

....

....

- Agora, complete o quadro.

1 sílaba	2 sílabas	3 sílabas	4 sílabas
....	....	....	....
....	....	....	....

5 Junte as sílabas de cores iguais e forme nomes de animais. Escreva-os embaixo de cada foto.

can	e	ur
le	gu	fan
ru	te	so

mariait/Shutterstock

David Rasmus/Shutterstock

Claudio Bertoloni/Shutterstock

....

Ortografia

m antes de b e p; m e n em final de sílaba

1 Leia a quadrinha e observe as palavras destacadas.

Colombina se casou
no colorido Carnaval.
Cada um tocou, **cantou**
e **cumprimentou** o casal.

As letras: quadrinhas dos filopatas, de Elisabeth Bosetti e Simone Goulfier. São Paulo: Scipione, 1996.

- Nessas palavras, que letra aparece antes de **b** e **p**?

....

Fique por dentro!
Antes das letras **b** e **p** usamos **m**.
Antes das demais consoantes usamos **n**.

2 Leia as quadrinhas abaixo.

Companheiro, me ajude,
Que eu não posso **cantar** só.
Eu sozinho **canto** bem,
Com você canto melhor.

Eu chupei uma **laranja**,
As **sementes** deitei fora.
Da casca fiz um barquinho:
— Meu amor, vamos **embora**!

Cantigas, adivinhas e outros versos. v. 2. São Paulo: Melhoramentos, 2010.

- Agora, escreva as palavras destacadas nas colunas adequadas.

m antes de b	m antes de p	n antes de outras consoantes
....	....	....
....	....	....

3 Acrescente a letra **m** e forme novas palavras. Veja o exemplo.

tapa: tampa .... rapa: ....

baba: .... papa: ....

lobo: .... sobra: ....

4 Agora, acrescente a letra **n** e forme outras palavras.

nuca: .... mata: ....

cata: .... padeiro: ....

mudo: .... cato: ....

5 Complete o nome das figuras com **m** ou **n**.

pe.......te

co.......putador

a.......jo

ha.......búrguer

e.......pada

po.......ba

o.......ça

a.......zol

a) Quais nomes seguiram a regra "**m** antes de **p** e **b**"?

....

....

b) Quais nomes você completou com **n** e não com **m**? Por quê?

....

....

6 Leia as palavras e circule a última letra de cada uma.

batom	pudim	imagem
garagem	armazém	sim

- O que essas palavras têm em comum?

....

7 Complete as palavras das frases com **m** ou **n**.

Ferna..........do já está nada..........do be..........

Yasmi.......... te.......... ce.......... reais.

Sama..........ta lava os cabelos com xa..........pu i..........fa..........til.

O ônibus está i..........do para Ca..........pinas.

Fique por dentro!

No final das palavras geralmente usamos **m**.

8 Leia um trecho da história **O pequeno príncipe** e complete as palavras destacadas com **m** ou **n**.

O pequeno **prí**.......**cipe**, depois de muito caminhar, chegou a um **jardi**....... cheio de rosas.

— **Bo**....... dia — disse ele.

— Bom dia — **dissera**....... as rosas.

O pequeno príncipe as **co**.......**te**.......**plou**. Eram todas iguais à sua flor. E ele **pe**.......**sou**: "Eu me imaginava rico por possuir a única flor que existia, e possuo apenas uma rosa **comu**........ Isso não faz de mim um príncipe dos maiores." E, deitado na grama, ele chorou.

O pequeno príncipe para crianças, de Antoine de Saint-Exupéry. Adaptação e tradução de Geraldo Carneiro e Ana Paula Pedro. Rio de Janeiro: Agir, 2015.

9 Agora, escreva duas frases usando uma das palavras que você completou no texto.

....

....

....

....

Ideias em ação

Você sabia que a araucária é a árvore símbolo do Paraná? Seu outro nome é pinheiro-do-paraná.

Observe as imagens e depois faça as atividades para saber um pouco mais sobre essa árvore e sobre o estado do Paraná.

Iuliia Timofeeva/Shutterstock

araucária

Carla Nichiata/Shutterstock

pinhão

1 Agora, complete as palavras e as frases.

a) O .... é a semente da ar.........cária. Ele e o milho ....erde são muito apreciados nas .... juninas.

b) A ....alha-azul é a ave sí.........olo do Paraná.

c) ....aiobá e ....uaratuba são duas famosas ....aias paranaenses.

d) A araucária faz parte da mata A.........ântica dos estados do Sul do Brasil.

2 Complete a cruzadinha com algumas das palavras da atividade anterior. Atenção para as dicas:

1. Tem **m** antes de **b**.

2. Tem dois encontros vocálicos.

3. Tem dois encontros vocálicos e três sílabas.

4. Tem dois encontros consonantais e começa com letra maiúscula.

5. Começa com **p**.

Unidade 2

O que vou estudar?

- Acento agudo
- Acento circunflexo
- Til
- Cedilha
- Vírgula e ponto-final
- Pontos de interrogação e ponto de exclamação
- Travessão e dois-pontos
- Frase
- Frases afirmativas e negativas

Capítulo 1

Acento agudo

Leia o texto e observe, nas palavras destacadas, o sinal acima das letras.

— Aqui no **Sítio** do Picapau Amarelo todo mundo **é** inventor, **até** mesmo a Tia **Nastácia** — diz Narizinho, saboreando um delicioso doce de **abóbora** com coco.

— Tia **Nastácia**? Essa **é** boa! — exclama **Emília**.

— **É** isso mesmo, **Emília**. Se existe **alguém** capaz de inventar gostosuras e mais gostosuras, esse **alguém é** a Tia **Nastácia**. A danada transforma coisas sem graça, como **abóboras** e batatas, em doces de dar **água** na boca — explica Narizinho.

[...]

O sabugo inventor: histórias para ler, criar e representar, de Conceição Fenille Molinaro. São Paulo: Globo, 2004.

O sinal que aparece sobre as vogais nas palavras destacadas é o **acento agudo** ´.

O acento agudo indica a pronúncia das palavras. Ele também indica a sílaba pronunciada com mais força: **sí**-tio, a-**té**, etc.

O sinal ´ é chamado de **acento agudo**.

Atividades

1 Copie as palavras embaixo das figuras correspondentes.

búfalo tamanduá boné minhoca barata
cavalo lápis bicicleta óculos

Fabio Colombini

....

Fabio Colombini

....

Peter Betts/Shutterstock/Imageplus

....

Rowena/Shutterstock/Imageplus

....

Maxim Godkin/Shutterstock/Imageplus

....

Christophe Testi/Shutterstock/Imageplus

....

Anastasios Kandris/Shutterstock/Imageplus

....

Alex James Bramwell/Shutterstock/Imageplus

....

hamurishi/Shutterstock/Imageplus

....

- Agora, complete o quadro. Veja os exemplos.

Palavra com acento agudo	Divisão silábica	Sílaba mais forte
tamanduá	ta-man-du-á	á

Palavras sem acento	Divisão silábica	Sílaba mais forte
minhoca	mi-nho-ca	nho

2 Coloque o acento agudo nas palavras destacadas.

Fique por dentro!

O acento agudo é colocado somente sobre as vogais.

a) A **vitoria-regia** é uma planta **aquatica**.

b) Devemos beber **so agua potavel**.

c) No **dicionario** encontramos os significados das palavras.

d) O **helicoptero** é um meio de transporte **aereo**.

3 Qual é a figura intrusa? Descubra-a e circule-a.

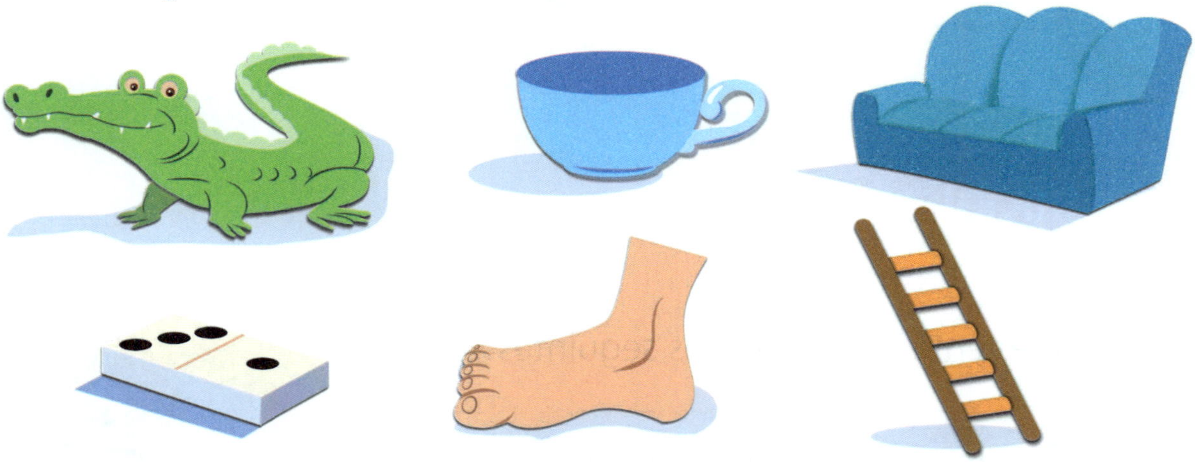

- Agora, complete as frases com o nome das figuras que têm acento agudo.

a) José tomou uma .... de café.

b) Bárbara deitou no .... e dormiu.

c) Luís machucou o ....

d) Patrícia viu um .... nadando no rio.

e) Cláudio joga .... com Lúcia.

4 Recorte, de jornais e revistas, cinco palavras que tenham acento agudo. Depois, cole-as abaixo.

Ortografia

r inicial; rr

1 Leia e tente memorizar os seguintes versos.

O gato amarrado dá para miar
A boa castanha dá para dançar
Este é o gato que pegou o rato
Que roeu a roupa que estava na corda
Que amarrava a bota do Gato de Botas

Parlendas para brincar, de Lucila Silva de Almeida e Josca Ailine Baroukh. São Paulo: Panda Books, 2013.

a) Circule as palavras com **rr** e as palavras iniciadas com **r**.

b) Marque um **X** na opção correta.

As letras **rr** aparecem sempre:

( ) no início da palavra. ( ) entre vogais.

c) Complete.

No início das palavras, a letra .... tem som forte, como em **rato**. Para indicar o mesmo som forte entre vogais, usamos ...., como em **amarrado**.

2 Complete as palavras com **r** ou **rr** e copie-as.

..........ocambole → ....

maca..........ão → ....

fa..........a → ....

..........etângulo → ....

Fique por dentro!
Não existe palavra começada com **rr**.

3 Escreva as sílabas na ordem correta.

gar	ra	ci		....	....	....
gor	gan	ra		....	....	....

be	ra	ba	ter	....	....	....	....

- Agora, marque um **X** na resposta certa.

  Na separação de sílabas, as letras **rr** ficam:

  ( ) juntas. ( ) separadas.

4 Circule no diagrama dez palavras com **r** e **rr**.

O	S	W	B	T	I	K	R	E	M	É	D	I	O	A	D	A	R
C	A	R	R	O	Ç	A	Q	E	F	G	Y	J	A	R	R	O	Z
E	D	R	E	P	O	L	H	O	C	I	T	R	O	U	P	A	N
Z	B	A	E	I	B	O	R	R	A	C	H	A	C	F	K	U	O
M	A	C	A	R	R	Ã	O	E	G	R	A	B	A	N	A	D	A
W	S	F	R	E	D	E	O	M	T	O	R	R	A	D	A	O	E

- Agora, copie as palavras no quadro.

r no início	**rr**
....	....
....	....
....	....
....	....
....	....

Capítulo 2

Acento circunflexo

Você sabe por que a língua que falamos no Brasil se chama **português**? Leia o texto a seguir.

Nasce uma língua

O **português**, ou língua portuguesa, [...] veio de outro país, chamado Portugal. Ele fica na Europa, perto de países como a Espanha e a França.

Há muitos e muitos anos, quase metade da Europa foi dominada pelo Império Romano, que tinha um Exército muito forte.

A língua dos romanos, chamada latim, se espalhou por uma vasta região da Europa.

Só que em cada lugar, aos poucos, ele foi se transformando em novas línguas.

Assim nasceram o português, o **francês**, o espanhol, o italiano, o romeno e outras línguas latinas.

Míni Larousse da língua portuguesa, de Maria Fernandes. São Paulo: Larousse do Brasil, 2006.

O sinal que aparece sobre a vogal **e** nas palavras destacadas é o **acento circunflexo** ^.

Ele indica a sílaba pronunciada com mais força: por-tu-**guês**, fran-**cês**.

O sinal ^ é chamado de **acento circunflexo**.

De olho no dicionário

Os verbetes de dicionário podem ter um ou mais significados. Leia os significados do verbete **língua**.

língua (lín-gua) ***substantivo***

1. Órgão muscular móvel, situado no interior da boca. A língua nos ajuda a engolir, a sentir o gosto dos alimentos e a falar.

2. Conjunto de palavras usadas por um povo e o conjunto de regras da sua gramática: ***língua*** portuguesa; ***língua*** inglesa; ***línguas*** indígenas.

Aurelinho: dicionário infantil ilustrado da língua portuguesa, de Aurélio Buarque de Holanda Ferreira. Curitiba: Positivo, 2014.

1 Quantos significados tem esse verbete?

....

2 Nas frases a seguir, marque com **X** o significado da palavra **língua** que aparece em cada uma delas.

a) A **língua** portuguesa veio de um país chamado Portugal.

( ) significado 1 ( ) significado 2

b) Ao escovar os dentes, devemos lembrar de escovar também a **língua**.

( ) significado 1 ( ) significado 2

c) A sopa estava muito quente e José queimou a **língua**.

( ) significado 1 ( ) significado 2

d) Aline estuda espanhol e inglês. Quando crescer, quer falar várias **línguas**.

( ) significado 1 ( ) significado 2

e) O gato de Matheus limpa o próprio pelo com a **língua**.

( ) significado 1 ( ) significado 2

f) Quando duas pessoas não se entendem, dizemos que elas não falam a mesma **língua**.

( ) significado 1 ( ) significado 2

3 Abra o **Minidicionário** na letra G e copie o verbete que tem oito letras e significa "coleção de gibis de uma biblioteca".

....

4 Abra o **Minidicionário** na letra J e copie o verbete que tem cinco sílabas e significa "árvore que dá como fruto o jenipapo".

....

5 Com a ajuda do professor, procure em dicionários outros verbetes que tenham mais de um significado e copie-os nas linhas a seguir.

....

....

....

....

....

....

....

....

....

....

....

....

....

....

Atividades

1 Escreva o nome das figuras. **Dica**: todos têm acento circunflexo.

Fique por dentro!

O acento circunflexo é colocado sobre as vogais **a**, **e**, **o**.

....

....

2 Complete as frases com as palavras dos quadros.

maio – maiô

a) No mês de .... comprei um novo ....

bebe – bebê

b) O .... já .... suco de laranja.

3 Leia o texto e coloque acento circunflexo nas palavras destacadas.

Era uma vez um gato maltês

Era uma vez
um gato **maltes**.
Tocava piano
e falava **frances**.
Queres que te conte outra vez?

Era uma vez
um gato **maltes**.
Tocava piano
falava **frances**.
A dona da casa
chamava-se **Ines**.
O número da porta era o 33!
Queres que te conte outra vez?

Era uma vez... três!: histórias de enrolar..., recontadas por Rosane Pamplona. São Paulo: Moderna, 2005.

4 Leia as palavras do quadro e faça como no exemplo.

Palavra	Divisão silábica	Sílaba mais forte
camponês	cam-po-nês	nês
estômago		
âncora		

- Agora, complete.

A sílaba mais forte dessas palavras é a que tem o ....

....

5 Circule no diagrama as palavras que completam as frases.

M	J	A	P	O	N	Ê	S	A	P	I	R
I	N	G	L	Ê	S	I	R	O	U	R	W
L	C	H	I	N	Ê	S	R	E	I	R	O
X	D	I	N	A	M	A	R	Q	U	Ê	S
O	U	T	H	O	L	A	N	D	Ê	S	R

- Agora, complete as frases adequadamente.

Quem nasce no Japão é ....

Quem nasce na Inglaterra é ....

Quem nasce na China é ....

Quem nasce na Dinamarca é ....

Quem nasce na Holanda é ....

6 Leia em voz alta o nome das pessoas que vão receber as cartas e escreva-o colocando o acento agudo ou circunflexo na vogal certa.

....

....

No dia a dia

A carta é um meio de comunicação. Você já enviou ou recebeu alguma carta?

As cartas são colocadas dentro de envelopes. Observe como preenchemos o envelope das cartas.

Na frente do envelope colocamos o nome e o endereço de quem vai receber a carta.

Frente

Banco de imagens/Arquivo da editora

No verso do envelope colocamos o nome e o endereço de quem está enviando a carta.

Verso

Agora é sua vez! Imagine que você enviará uma carta a um amigo ou parente. Para isso, preencha a frente do envelope abaixo com o nome e o endereço completo dessa pessoa. Depois, preencha o verso com seu nome e endereço completo.

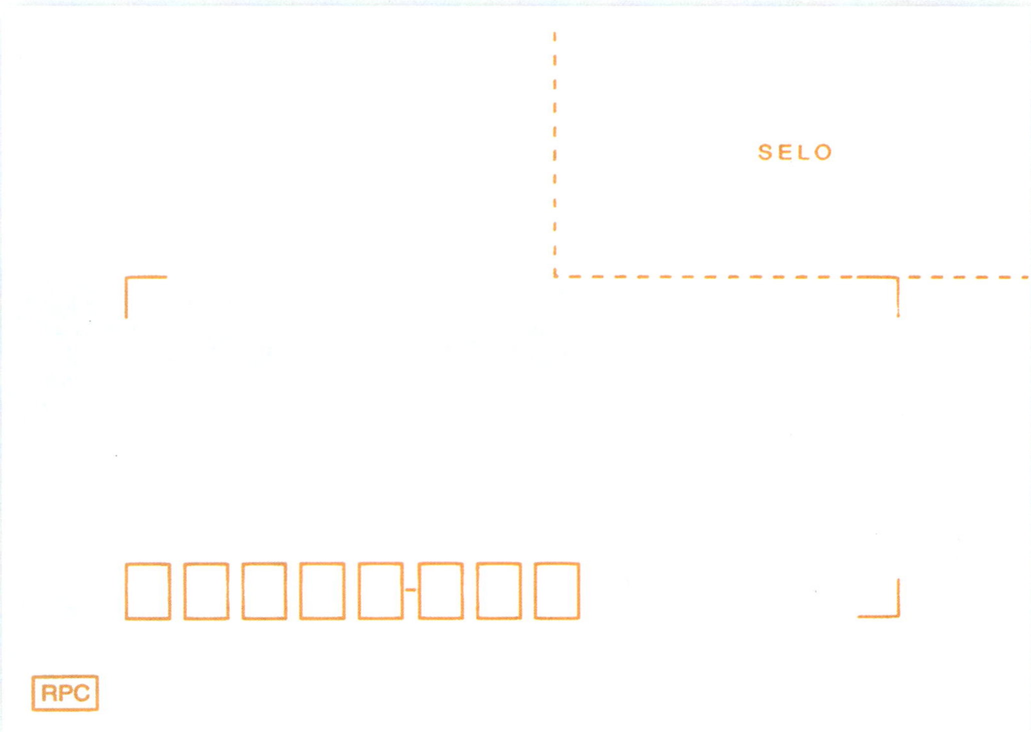

Banco de imagens/Arquivo da editora

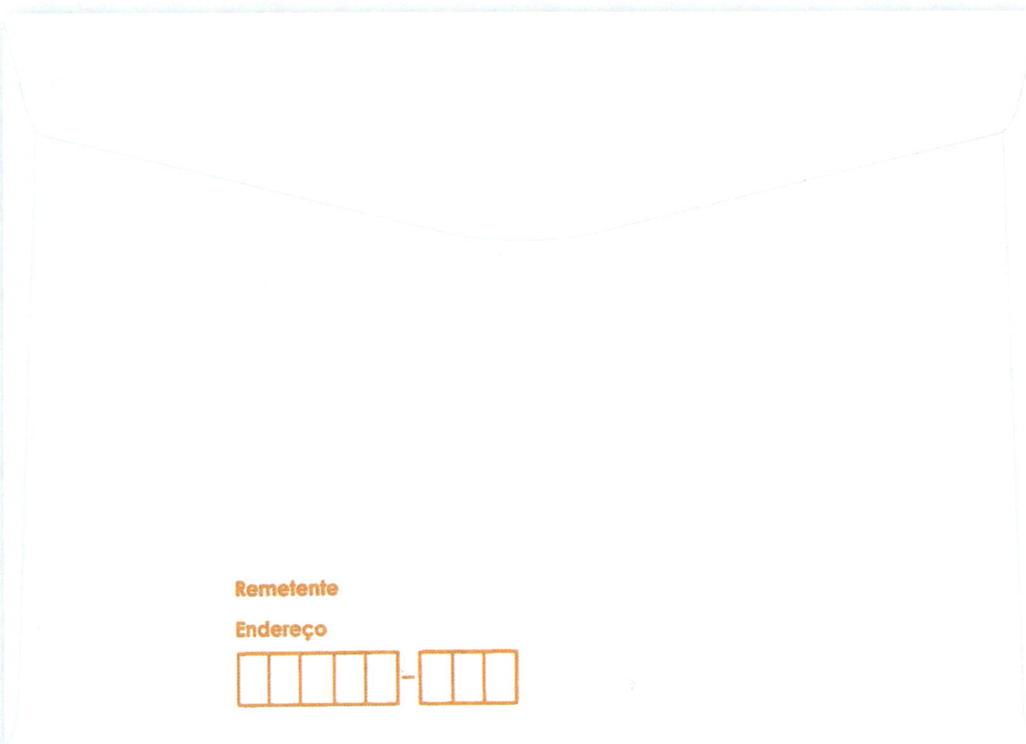

Ortografia

s inicial; ss

1 Leia o poema e observe as palavras destacadas.

O gato

Com um lindo **salto**
Lesto e **seguro**
O gato **passa**
Do chão ao muro
Logo mudando
De opinião
Passa de novo
Do muro ao chão
[...]

A arca de Noé, de Vinícius de Morais. São Paulo: Companhia das Letrinhas, 2004.

- Distribua nas colunas as palavras destacadas no poema.

Palavras iniciadas com **s**	Palavras com **ss**
....	....
....	....

2 Separe as sílabas destas palavras.

Fique por dentro!
Na separação de sílabas, o grupo **ss** fica separado: pa**s-s**a-do.

suco: .... girassol: ....
professor: .... sacola: ....
passagem: .... assobio: ....

3 Circule no diagrama o nome das figuras e escreva-o abaixo delas.

Fique por dentro!

O grupo **ss** vem sempre entre vogais.

M	J	S	A	P	O	C	S	A	V	A	S	S	O	U	R	A	R
S	O	F	Á	H	S	T	R	A	V	E	S	S	E	I	R	O	W
L	C	H	I	O	S	S	O	L	P	S	A	P	A	T	O	M	0
C	O	M	P	A	S	S	O	Q	H	J	M	V	S	I	N	O	S
O	U	T	H	P	A	S	S	A	R	I	N	H	O	F	C	D	E
M	O	O	S	E	M	E	N	T	E	H	G	F	D	S	A	E	R
G	I	R	A	S	S	O	L	M	N	H	S	O	R	V	E	T	E

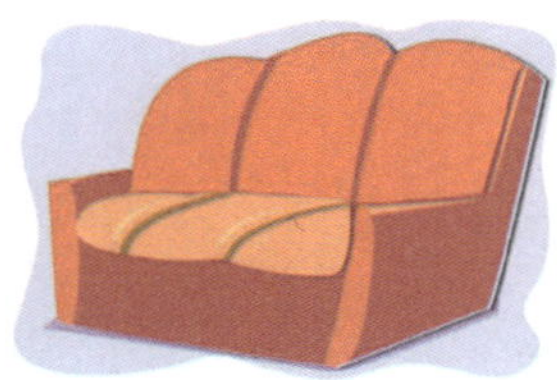

4 Complete as palavras das frases com **s** ou **ss**. Depois, separe-as em sílabas.

Fique por dentro!
Nunca se inicia palavra com **ss**.

Recebi uma carta com dois ....elos.

Você gosta de pê..................ego?

O ....ubmarino está embaixo da água.

Os dino..................auros foram extintos.

Dez mais sete é igual a deze..................ete.

5 O que é, o que é? Responda completando com consoantes. **Dica**: todas as palavras iniciam com **s**.

a) Sabão perfumado, usado na higiene do corpo.

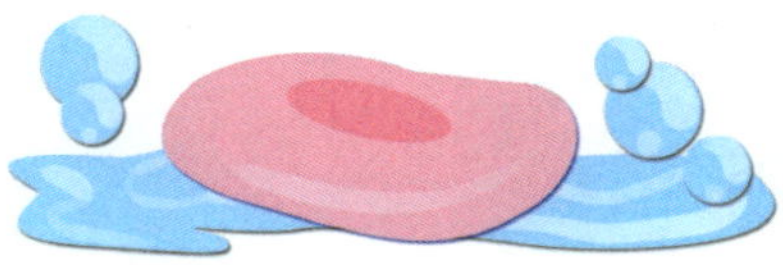

....a....o....e....e

b) Prato preparado com verduras, legumes, etc., temperado e servido frio.

....a....a....a

6 Escreva os números das partes que formam cada figura. Depois, escreva o nome das figuras, observando o quadro. Veja o exemplo.

soldado	seringa	saci	sagui

1, 4, 9 → seringa	....
....	....

Capítulo 3

Emprego do til

Leia a capa de uma revista em quadrinhos.

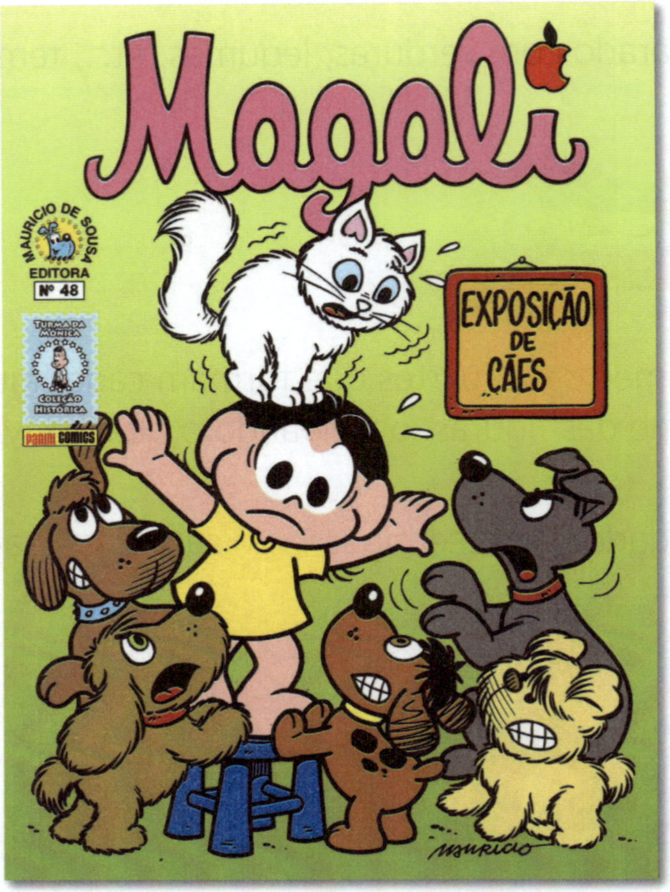

Magali, de Mauricio de Sousa. São Paulo: Panini Comics, n. 48, jul. 2015.

Leia estas palavras em voz alta. Observe o sinal sobre as letras destacadas.

exposiç**ã**o   c**ã**es

Esse sinal é colocado sobre as vogais **a** e **o** para indicar que o som dessas letras é nasal.

O sinal ~ é chamado de **til**.

Atividades

1 Distribua as palavras do quadro de acordo com a indicação.

lição	salões	cães	camarões	refeições
botões	casarão	tubarões	portão	lã

Til na vogal **a**	Til na vogal **o**
....	....
....	....
....	....
....	....
....	....

2 Substitua as figuras por palavras. **Dica**: todas as palavras têm til.

a) Soltar  é crime.

Soltar .... é crime.

b) O  e o  são meios de transporte.

O .... e o .... são meios de transporte.

c) A , o  e o  são frutas deliciosas.

A ...., o .... e o .... são frutas deliciosas.

3 Em uma das palavras destacadas está faltando o til. Leia a frase em voz alta e coloque-o.

Todo dia de **manha**, Leo faz **manha** na hora de levantar.

4 Circule a palavra que não pertence ao grupo.

1	2	3
limão	leão	avião
mamão	mão	acordeão
sabão	pavão	violão
melão	gavião	órgão

5 Leia as palavras do quadro.

pulando	rolimã	opinião	bingo	ambulância
botão	dentro	piões	coração	lembrança

Fique por dentro!

O som nasal também pode ser representado pelas letras **m** e **n** após vogais.

- Agora, distribua-as de acordo com o que é pedido.

a) Palavras que apresentam som nasal com **til**: ....

....

b) Palavras que apresentam som nasal com **m** ou **n**: ....

....

6 Leia as palavras do baú. Nele estão as palavras que completam as cantigas.

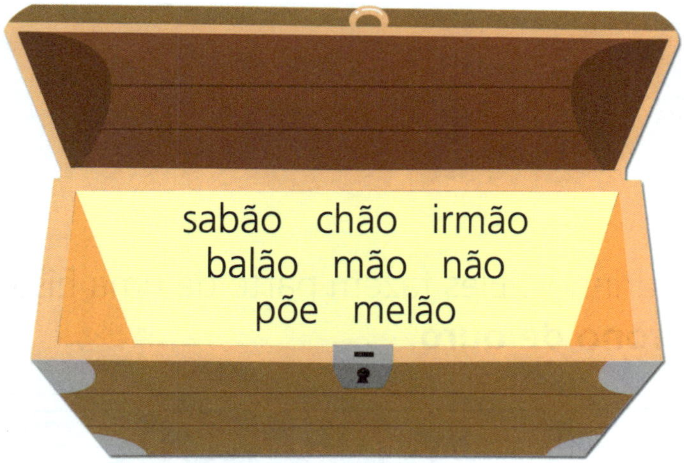

Cai, cai, ...
Cai, cai, ...
Aqui na minha
..........!

.... cai, não
.... cai, não
.... cai, não
Cai na rua do ....!

Terezinha de Jesus
De uma queda
Foi ao ....
Acudiram três cavalheiros,
Todos os três de chapéu na
....

O primeiro foi seu pai,
O segundo, seu
..........,
O terceiro foi aquele
A quem a Tereza deu a
....

Escravos de Jó
Jogavam caxangá
Tira, ...,
Deixa ficar!
Guerreiros com guerreiros
Fazem zigue, zigue, zá!

De abóbora faz
..........,
De .... faz
melancia.

Faz doce, sinhá, faz doce, sinhá
Faz doce de maracujá.

Cantigas populares.

Ortografia

h inicial

1 Leia estes quadrinhos. Eles fazem parte de uma história chamada **A lenda do trono de ouro**.

Disney BIG. São Paulo: Abril, ed. 3, 2009.

a) Leia as seguintes palavras do texto em voz alta.

hospedar houve hotel hóspedes hoje

b) Agora, leia as palavras do quadro abaixo e compare-as com as de cima.

ostra	ovo	otimista	óculos	ojeriza

c) Responda.

A letra **h** tem som no início das palavras?

( ) Não ( ) Sim

2 Encontre dez palavras no diagrama. Depois, agrupe-as corretamente.

Fique por dentro!

No início das palavras, a letra **h** não representa som na fala.

L	P	O	H	E	R	Ó	I	T	D	S	W	Q	X	B	V
M	J	S	E	S	P	I	G	A	V	A	H	U	G	O	R
S	O	F	U	L	I	S	S	E	S	P	B	N	M	I	R
L	C	H	I	G	I	E	N	E	P	S	I	D	A	D	E
C	W	H	A	M	B	Ú	R	G	U	E	R	V	S	I	N
A	V	E	I	A	H	S	S	A	R	I	N	H	O	F	C
M	O	O	S	E	H	O	R	R	Í	V	E	L	D	S	A
G	K	R	O	R	A	Ç	Ã	O	N	H	S	O	R	V	E
P	O	I	U	N	T	R	E	W	Q	A	S	D	F	G	H

Palavras iniciadas com h	Palavras iniciadas com vogal
....	....
....	....
....	....
....	....
....	....

3 Troque os números pelas sílabas, descubra as palavras e complete as frases.

1	2	3	4	5	6	7	8	9
ho	e	He	hu	hi	ma	pó	gi	ra
10	**11**	**12**	**13**	**14**	**15**	**16**	**17**	**18**
po	le	tel	mor	mo	ne	no	ta	na

Hector Conesa/Shutterstock/Imageplus

a) A .... é um mamífero carnívoro.
(5, 2, 18)

b) .... perdeu a .... para ir à escola.
(3, 11, 18) (1, 9)

c) Um espetáculo de .... foi apresentado no
(4, 13)

....
(1, 12)

Jason Prince/Shutterstock/Imageplus

d) Um .... vive em média quarenta anos.
(5, 10, 7, 17, 14)

e) Tomar banho faz parte da .... corporal.
(5, 8, 2, 15)

f) O coração do ser .... é 43 vezes menor que o da girafa.
(4, 6, 16)

4 Complete a cruzadinha de acordo com as informações. **Dica**: todas as palavras começam com **h**.

1. Animal grande, que tem boca grande e presas.
2. O mesmo que **ser humano**.
3. Aparelho que emite luz forte.
4. Estabelecimento que oferece alojamento.
5. Instrumento musical.
6. Planta também conhecida como **menta**.
7. Estabelecimento destinado ao tratamento de doentes.

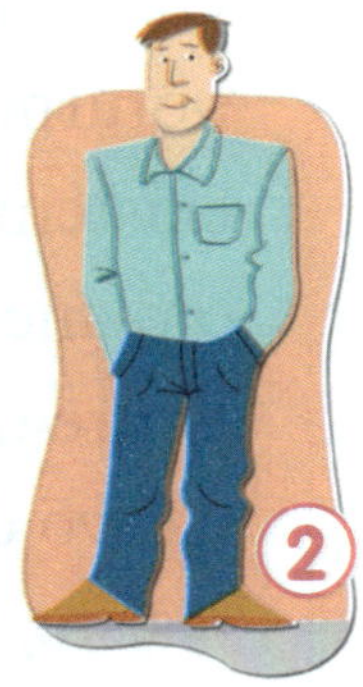

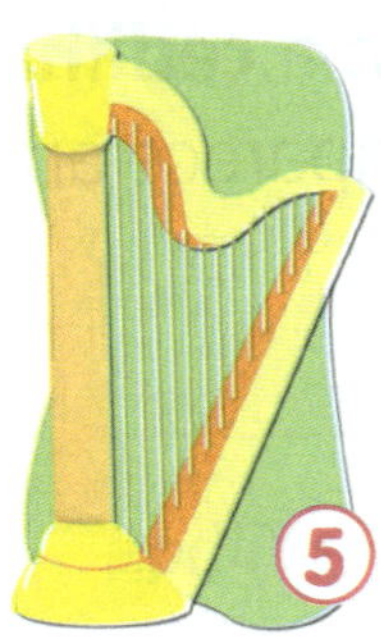

Capítulo 4
Cedilha

Leia o texto.

Qual é o animal mais ameaçado de extinção?

Muitos animais estão ameaçados e é difícil apontar o primeiro da lista. Um deles é o kakapo, um papagaio noturno da Nova Zelândia. Hoje existem cerca de 100 deles em todo o planeta, todos criados em cativeiro. Entre os mamíferos, o lobo vermelho, nativo do sudeste dos Estados Unidos, resiste, com cerca de 200 em cativeiro e outros 50 que foram reintroduzidos à natureza. No Brasil, um dos mais ameaçados é a ararinha-azul: ela desapareceu da caatinga nordestina e cerca de 80 vivem em cativeiro.

Fabio Colombini/Arquivo do fotógrafo

Recreio, ano 15, n. 822, dez. 2015.

Leia estas palavras.

ameaçado extinção

Há um sinal embaixo da letra **c**. Ele se chama **cedilha** e indica que o som do **c** é semelhante ao som **sê**. A cedilha aparece antes das vogais **a**, **o**, **u**: **ça**, **ço**, **çu**.

O sinal ¸ é chamado de **cedilha**.

Atividades

1 Leia o poema e circule as palavras com **ç**.

A asa-delta

Pessoa voa
na imaginação,
nasce com asa
no pensamento.
Lá vai uma pessoa voando
no meio do céu
levada pelo vento.
Seu corpo pousa
na beira do mar,
mas a cabeça
nunca para de voar.

Transpoemas, de Ricardo Silvestrin. São Paulo: Cosac Naify, 2008.

- Agora, separe as sílabas das palavras que você circulou.

....

2 Em quais palavras falta a cedilha? Coloque-a.

cacula   cidade   abraco   cenoura   alianca

3 Leia estas palavras em voz alta e escreva-as nos espaços para completar a frase.

faca – faça

Descasque a laranja com uma .... e .... um delicioso suco.

Ortografia

c, ç

1 Leia o poema e observe.

Sou o **c**,
uma letra sapeca!
Junto com **a, o, u**
faço **ca, co, cu**.
Se me colocam um sinal,
mudo de som:
faço **ça, ço, çu**.

Junto do **e** e do **i**
não sou de brincadeira,
não preciso do sinal,
faço sempre o mesmo som:
ce, ci.

Os autores.

- Antes de quais vogais o **ç** é usado?

....

2 Copie as palavras da lousa, completando-as com **c** ou **ç** no lugar dos símbolos.

crian★a	palha★o	★entopeia
★inema	★ebola	a★úcar

Palavras com **c**	Palavras com **ç**

3 Ordene as sílabas e forme palavras.

ção	co	ra

....

çã	ma

....

lan	ba	ça

....

fa	al	ce

....

lan	a	ci	me

....

ca	cer

....

- Distribua no quadro as palavras que você formou.

Palavras com **c**	Palavras com **ç**
....	....
....	....
....	....

4 Complete a cruzadinha com o nome das figuras abaixo.

Capítulo 5

Vírgula e ponto-final

Leia o texto e observe os sinais destacados.

Procure brincar bastante e praticar exercícios. Futebol, natação, vôlei, basquete, bicicleta, *skate*, patins, corrida, pega-pega, esconde-esconde, pular corda e mil outras atividades deixam o coração muito mais forte.

Bate, bate, coração, de Lalau e Laurabeatriz. Barueri: Amarilys, 2013.

O sinal **,** é a **vírgula**.
O sinal **.** é o **ponto-final**.
Eles são sinais de pontuação.

, A vírgula é usada para:

- separar palavras em uma enumeração;

  Hoje tomei vitamina de mamão, banana, maçã e abacate.

- separar o nome do lugar, nas datas;

  Curitiba, 7 de abril de 2010.

- separar o nome da rua, nos endereços.

  Rua das Laranjeiras, 250.

. O ponto-final é usado no fim da frase para concluir uma ideia.

Adoro ler livros de contos.

Atividades

1 Escreva os sinais de pontuação correspondentes aos símbolos. Veja o código.

★ vírgula ◆ ponto-final

Bichos, bichos e bichos

Os animais vivem dentro da terra★.......... nos mares★.......... nas florestas★.......... nos desertos★.......... nas montanhas◆.......... Uns são grandes, como os elefantes e as baleias◆.......... Outros são tão pequenos, que só são visíveis com lentes de aumento◆.......... Existem bichos que têm ossos, outros não têm◆.......... Há bichos que mamam★.......... que voam★.......... que nadam★.......... que respiram dentro da água★.......... que vivem em buracos★.......... que constroem ninhos★.......... há bichos de todo tipo◆..........

Almanaque Ruth Rocha, de Ruth Rocha. São Paulo: Ática, 2009.

2 Coloque a vírgula onde for necessário.

a) Marta ganhou sandálias um vestido uma tiara e um cinto.

b) Araraquara 15 de outubro de 2016.

c) Pedro mora na Rua das Margaridas 27.

3 Escreva o nome da cidade onde você mora e a data de hoje (dia, mês e ano). ....

Ortografia

g, j; ge, gi; je, ji

1 Leia um trecho da história **João e os 10 pés de feijão**.

Era uma vez

Um menino chamado **João** que vivia com sua mãe num casebre bem **longe** da cidade.

Eles eram pobres, muito pobres, pobres de dar dó. [...]

Então a mãe de João disse:

— Meu filho, nosso dinheiro acabou e nossa vaquinha secou. Vá até o mercado e **veja** se alguém quer comprá-la.

João pegou o animal pelo cabresto e foi até a cidade. Porém, antes que chegasse lá, um homem de cavanhaque lhe perguntou:

— Ei, garoto, não quer trocar essa vaca por um grão de feijão?

— Rá, rá, essa é boa. O senhor pensa que eu sou bobo?

— Mas é um feijão **mágico**.

João e os 10 pés de feijão, de José Roberto Torero e Marcus Aurelius Pimenta. Rio de Janeiro: Objetiva, 2015.

- Escreva as palavras destacadas na coluna certa.

Palavras com **g**	Palavras com **j**
....	....
....	....

Fique por dentro!

Antes de **e** ou **i**, a letra **g** tem o mesmo som da letra **j**.

2 Circule no diagrama quatro palavras com **g** e quatro palavras com **j**. Depois, copie-as no quadro abaixo.

M	B	C	Z	L	J	G	D	J	A	N	E	I	R	O
E	Q	N	G	E	R	E	N	T	E	R	W	S	D	U
L	K	E	V	Z	J	E	N	I	P	A	P	O	B	D
X	J	U	L	H	O	T	C	L	E	T	A	H	V	S
Z	G	V	E	G	E	T	A	L	E	T	R	A	E	F
E	D	Q	V	B	T	I	C	R	V	I	G	I	A	W
V	G	J	T	C	A	N	J	I	C	A	O	R	G	Y
A	B	L	E	I	P	G	E	L	E	I	A	T	B	N

Escreve-se com	
g	**j**
....	....
....	....
....	....
....	....

3 Organize as sílabas e escreva o nome das figuras.

na	tan	ge	ri

....

gan	te	gi

....

la	ra	ge	dei

....

fa	gi	ra

....

4 Escreva as palavras substituindo os símbolos pelas letras correspondentes. Depois, pinte as ilustrações das palavras que são escritas com **j**.

✱ → **g** ❇ → **j**

relóggio ✱ → relό✱io

fri✱ideira

laran❇eira

✱irassol

ma❇estade

❇ipe

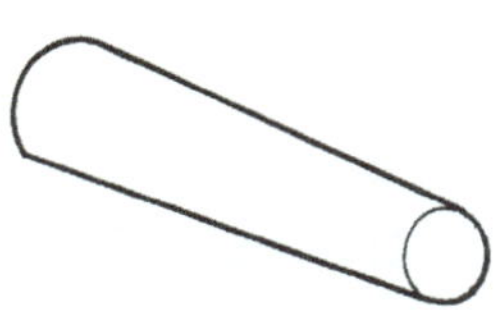

✱iz

refri✱erante

5 Escreva o nome das figuras de acordo com o número.

1	A	B	A	J	U	R
2	G	E	L	O		
3	T	I	G	E	L	A
4	J	O	I	A		
5	T	I	J	O	L	O
6	G	I	B	I		

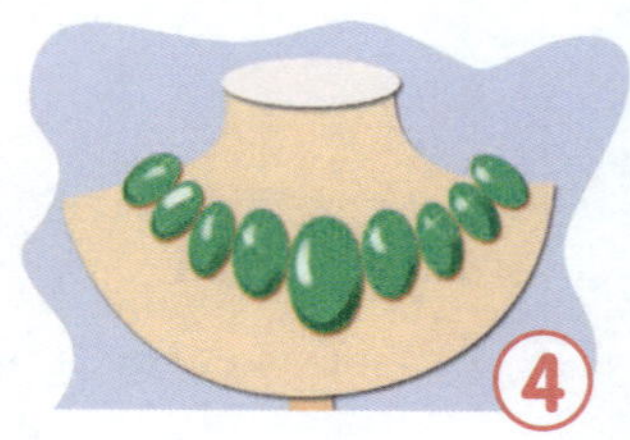

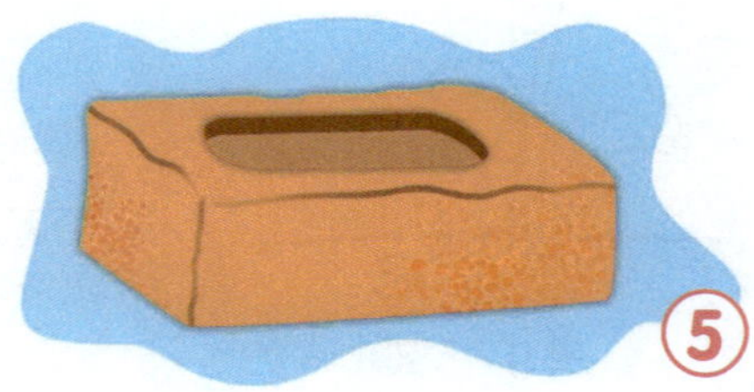

6 Junte as sílabas da mesma cor e forme palavras.

gor	ca	can	je	i
nás	ma	ta	ji	gi
na	ti	gi	ção	ca

Capítulo 6

Ponto de interrogação e ponto de exclamação

Leia esta anedota.

A professora pergunta para o Rodrigo:

— Onde fica a América?

E o Rodrigo responde apontando no mapa. A professora, então, pergunta para o Pedro:

— Quem descobriu a América?

E o Pedro responde:

— Foi o Rodrigo, professora!

O melhor do Proibido para Maiores: seleção especial de piadas para crianças, de Paulo Tadeu. São Paulo: Matrix, 2014.

O sinal **?** é o **ponto de interrogação**.

O sinal **!** é o **ponto de exclamação**.

Eles são sinais de pontuação.

Veja para que são usados:

? O **ponto de interrogação** indica uma pergunta.

! O **ponto de exclamação** indica alegria, admiração, surpresa, medo, ordem.

Atividades

1 Leia dois trechos de um livro que fala sobre o perigo. Depois, coloque os pontos de interrogação e os pontos-finais.

O que será
que o perigo faz
com quem puxa o rabo
ou atrapalha o almoço
do cachorro

Resposta:
Faz levar uma mordida

E com quem entra
no mar ou na piscina
sem saber nadar e
nem ter a quem
pedir socorro

Resposta:
Faz afundar na água e se afogar

O livro das emergências: o que toda criança esperta precisa saber sobre segurança, de Aline Angeli. São Paulo: Ática, 2005.

2 Leia as frases em voz alta.

1 Mauro terminou a prova?

2 Mauro terminou a prova!

a) Qual das frases indica uma pergunta?

....

b) Qual das frases indica uma surpresa?

....

3 Leia as frases e escreva o que o ponto de exclamação está indicando. Veja o quadro.

medo	dor	alegria	admiração

Ai! Espetei meu dedo!

....

Nossa! Como você está bonita!

....

Oba! Passei de ano!

....

Ai, que susto!

....

Fique por dentro!

O ponto de exclamação pode indicar diferentes emoções.

4 Observe as imagens da história, leia os balões e coloque os sinais de pontuação abaixo.

, vírgula

? ponto de interrogação

. ponto-final

! ponto de exclamação

Ortografia

s com som de z

1 Leia o poema com os colegas.

Zebra, faisão,
raposa ou **zangão**
jamais serão
animais de estimação.

Os autores.

a) Observe as fotos e leia o nome dos animais.

Donovan van Staden/Shutterstock/Imageplus

zebra

Kert/Shutterstock/Imageplus

rapo**s**a

amlet/Shutterstock/Imageplus

zangão

Miroslav Hlavko/Shutterstock/Imageplus

fai**s**ão

b) Agora, complete.

Em **zebra** e **zangão** o som "zê" é representado pela letra ....

Em **raposa** e **faisão** o som "zê" é representado pela letra ....

Fique por dentro!

O som "zê" pode ser representado pela letra **z** ou pela letra **s** entre vogais.

2 Leia as palavras do quadro.

salada	azul	sono	televisão	silêncio	casebre
tesoura	subida	sinal	azeitona	florzinha	batizado
besouro	mesa	Zélia	semana	beleza	princesa

a) Escreva o nome de cada figura.

....

....

b) Copie do quadro as palavras com **z**.

....

....

c) Copie as palavras do quadro de acordo com o som do **s**.

s com som "zê": ....

....

s com som "sê": ....

....

Fique por dentro!

A letra **s** nunca tem som "zê" no início das palavras.

3 Complete as palavras com as vogais que faltam.

cam.......s.......ta pa.......s.......gem paraf.......s.......

- Agora, complete.

Nessas palavras, a letra .... tem som "zê" porque está entre

....

4 Escreva palavras da mesma família. Veja o exemplo.

Fique por dentro!

As palavras terminadas em **-oso** ou **-osa** são escritas com **s**, com som "zê".

bom ⟶ bondoso

mistério ⟶ ....

estudo ⟶ ....

carinho ⟶ ....

medo ⟶ ....

manha ⟶ ....

teima ⟶ ....

cuidado ⟶ ....

5 Descubra a palavra que completa cada item e escreva-a no quadro.

a) Quem tem fama é...

b) A árvore que dá rosas é a...

c) A mulher nascida na França é...

d) O contrário de **adiantado** é...

- Assinale a resposta certa.

( ) Nessas palavras, o **s** tem som "sê".

( ) Nessas palavras, o **s** tem som "zê".

6 Circule no diagrama quatro palavras com **s** que apresentam som "zê".

I	L	I	S	O	T	I	R	O	U	R	G	I	T	B
L	C	H	I	C	A	M	I	S	O	L	A	K	U	D
X	D	I	N	A	M	G	A	S	O	L	I	N	A	W
O	U	T	C	A	S	A	R	Ã	O	S	V	B	E	R

- Agora, complete os itens com as palavras que você encontrou.

a) Nome de um combustível: ....

b) O contrário de áspero: ....

c) Peça do vestuário usada para dormir: ....

d) Casa muito grande: ....

Capítulo 7

Travessão e dois-pontos

Leia mais uma anedota.

O professor fala:

— Joãozinho, diga o presente do indicativo do verbo caminhar.

Joãozinho:

— Eu ca... mi... nho... Tu ca... mi... nhas... Ele ca... mi... nha...

Professor:

— Mais depressa!

Joãozinho:

— Nós corremos, vós correis, eles correm!

O melhor do Proibido para Maiores: seleção especial de piadas para crianças, de Paulo Tadeu. São Paulo: Matrix, 2014.

Observe no texto os sinais destacados em amarelo e em verde.

O sinal **:** é chamado de **dois-pontos**.

O sinal **—** é chamado de **travessão**.

Eles são sinais de pontuação.

Veja para que são usados:

: Os **dois-pontos** indicam que alguém vai falar.

— O **travessão** indica o início da fala de alguém.

Atividades

1 Leia esta piada com os colegas.

Menino travesso

A mãe pergunta para o filho bagunceiro:

— Como você consegue fazer tantas travessuras em um só dia?

Ele responde:

— É que eu acordo cedo, mamãe!

Meu primeiro livro de piadas, de Ângela Finzetto. Blumenau: Todolivro, 2012.

- Agora, complete.

Estes são os dois-pontos: ☐

Eles indicam:

◯ que alguém vai falar.

◯ surpresa.

Este é o travessão: ☐

Ele indica:

◯ uma pergunta.

◯ o início da fala de alguém.

2 Coloque os dois-pontos **:** e o travessão **—** onde for necessário.

O lobo parou na frente da cabana do porquinho e gritou ....

.... Abra já essa porta!

Ortografia

r entre vogais (r brando)

1 Leia um trecho da história **Meu amigo dinossauro**.

Um pequeno dinossauro
Apareceu no jardim.
Educado, inteligente,
O seu nome era Joaquim.

Eu não consegui saber
De onde foi que ele saiu.
Quando a gente perguntou,
Disfarçou e até sorriu...

Ficou muito nosso amigo,
Fez tudo que é brincadeira.
E me levou para a escola,
Levou a mamãe pra feira. [...]

Meu amigo dinossauro, de Ruth Rocha.
São Paulo: Melhoramentos, 2015.

- Agora, leia as palavras em voz alta.

dinossau**ro**   brincadei**ra**   fei**ra**   so**rr**iu

- Em quais delas o som do **r** é fraco?

....

Fique por dentro!

A letra **r** entre vogais tem som fraco.

2 Acrescente a letra **r**, mudando o som e o sentido das seguintes palavras.

careta

....

aranha

....

muro

....

3 Copie a frase escrevendo o nome da figura.

Rodrigo comprou um  tão caro!

....

4 Leia as palavras do quadro, observando a letra **r**. Depois, escreva-as na coluna correta.

buraco	borracha	riacho	perigo	rua	arroz
pirulito	corrida	régua	farofa	ferro	rosa

rr (som forte)	**r** entre vogais (som fraco)	**r** no início (som forte)

Capítulo 8

Frase

Leia.

QUER SER SÚPER?

ATENÇÃO TOTAL!

Imagens: Detalhe/Revista Recreio

Recreio. São Paulo: Abril, ano 6, n. 315, 23 mar. 2006.

USE O CINTO DE SEGURANÇA.

Você leu acima algumas **frases**.

> **Frase** é uma palavra ou conjunto de palavras organizadas que têm sentido completo.

No começo das frases, usamos letra maiúscula.

No final, usamos um sinal de pontuação, como o ponto-final [.], a interrogação [?] e a exclamação [!].

Atividades

1 Pinte os quadrinhos de acordo com as cores indicadas pelo código.

letra palavra frase

☐ A

☐ figueira

☐ A cabra dormia debaixo de uma figueira.

Fique por dentro!

Com **letras** formamos **palavras**; com **palavras** formamos **frases**.

2 Marque um **X** nos grupos de palavras que formam frases.

Fique por dentro!

A frase contém uma ideia com sentido completo.

◯ Lobo umas casebre floresta.

◯ Tenho três cachorras e um gatinho.

◯ Bom dia!

◯ Cama travesseiro a dormir com.

◯ Quer brincar comigo?

◯ Estou no segundo ano do Ensino Fundamental.

◯ Cozinha vou de casa.

3 Leia estas frases.

Pênalti!	Muito obrigado.	Alô!	Cuidado!

- Agora, observe estas ilustrações e copie no balão a frase adequada a cada situação.

4 Coloque as palavras em ordem para formar frases.

a) Branca anões de Neve com os sete viveu.

....

....

b) Eu três do lobo li mau e dos porquinhos a história.

....

....

5 Escreva nos círculos a primeira letra do nome de cada animal e descubra a palavra que completa a frase abaixo.

Você já leu a fábula da .... e as uvas?

6 Ordene as palavras dos quadrinhos para formar frases. Você vai descobrir algumas curiosidades sobre o beija-flor.

ingimage/Other Images

10 gramas.	cerca	pesa
beija-flor	O	de

....

....

....

bate	as	Ele	cerca de	asas	por	90 vezes	segundo.

....

....

....

pássaro	voa	de frente,	de costas e	Esse	de cabeça para baixo

....

....

....

Ortografia

nh

1 Leia este quadrinho e circule as palavras com **nh**.

A filosofia de Snoopy, de Charles M. Schulz. Tradução de Edu Fernandes. São Paulo: V&R, 2015.

- Agora, copie as palavras que você circulou.

....

2 Troque o **n** por **nh** e forme outras palavras.

Fique por dentro!

A letra **h** depois do **n** modifica o som e o significado das palavras. Exemplo: mi**n**a → mi**nh**a.

botina →	sono → ....
pino →	sena → ....
mana →	gana → ....

3 Complete as frases com as palavras do caminhão.

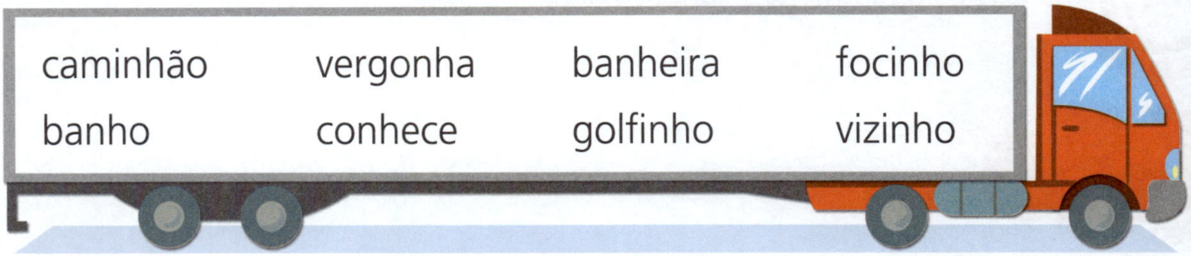

a) O .... trouxe a mudança do novo

....

b) Tomei .... na ....

c) O .... tem nadadeiras e o .... comprido.

d) Júlio tem .... de conversar com quem não

....

4 Observe as figuras e escreva o nome de cada uma. Depois, separe suas sílabas. Veja o exemplo.

Fique por dentro!

Na divisão de sílabas, o grupo **nh** não se separa.

piranha ....

pi	ra	nha

....

....

....

Capítulo 9

Frase afirmativa e frase negativa

Leia as frases e compare-as.

O trem parou na estação.

O trem não parou na estação.

As frases acima dão informações diferentes.

A frase pode ser:

afirmativa	**negativa**
O trem parou.	O trem **não** parou.
Afirmamos alguma coisa.	Negamos alguma coisa.

Fique por dentro!

Para formar frases negativas, geralmente usamos a palavra **não**.

Atividades

1 Leia o texto e sublinhe as frases negativas.

Fique por dentro!

Frase é uma palavra ou conjunto de palavras com sentido completo.

O pescoço da girafa, que é enorme, tem o mesmo número de vértebras ou ossos que o pescoço de uma pessoa (7). Só que cada vértebra é muito maior. Muita gente pensa que a girafa não tem voz. Mas não é verdade.

Nós, humanos, é que não podemos ouvir a voz dela.

Almanaque Ruth Rocha, de Ruth Rocha. São Paulo: Ática, 2009.

2 Pinte os quadrinhos de acordo com as cores indicadas pelo código.

frase afirmativa

frase negativa

a) ☐ Algumas aves, como os avestruzes, não voam.

b) ☐ O ornitorrinco é o único mamífero que põe ovos.

c) ☐ As baleias são mamíferos aquáticos.

d) ☐ Os tubarões não são mamíferos.

3 Reescreva as frases inserindo a palavra **não**.

a) Juliana vai jogar peteca agora.

....

....

b) Pedro viajou nas férias.

....

....

c) Mamãe tem medo de barata.

....

....

- Agora, complete.

  Acrescentando a palavra ...., transformamos as frases afirmativas em frases ....

4 Ordene as palavras e escreva frases negativas.

a) solte Não pipa elétricos dos fios perto.

....

....

....

b) cachorro e O são o gato não inimigos.

....

....

....

- Agora, complete.

  No final das frases negativas foi usado o ....

5 Observe as cenas e escreva uma frase afirmativa para cada uma.

....

....

....

....

....

....

....

....

....

....

....

....

....

....

....

....

....

....

....

....

- Agora, complete.

  No final das frases afirmativas foi usado o ....

6 Copie as frases negativas ao lado das fotos correspondentes.

Não estacione.	Não fume.
Não pise na grama.	Não ultrapasse.

Angel_Vasilev77/Shutterstock/Imageplus

....

Sergio Ranalli/Pulsar Imagens

....

Wouter Tolenaars/Shutterstock/Imageplus

....

Daniel Cymbalista/Pulsar Imagens

....

Ortografia

x com som de ch; x com som de s

1 Leia as palavras dos quadros em voz alta.

1	
pei**x**e	**x**ale
bai**x**o	**x**ícara

2	
te**x**to	e**x**tenso
e**x**tinção	e**x**plicar

- Agora, complete.

No quadro ...., a letra **x** tem som de **ch**.

No quadro ...., a letra **x** tem som de **s**.

2 Diga o nome das figuras em voz alta. Depois, copie-o nas colunas adequadas.

caixa

ameixa

extintor

extraterrestre

rouxinol

exclamação

x com som de **ch**	**x** com som de **s**
....	....
....	....
....	....

3 Leia as palavras das caixas. Depois, pinte os círculos de acordo com as cores indicadas pelo código.

x com som de **s** — **x** com som de **ch**

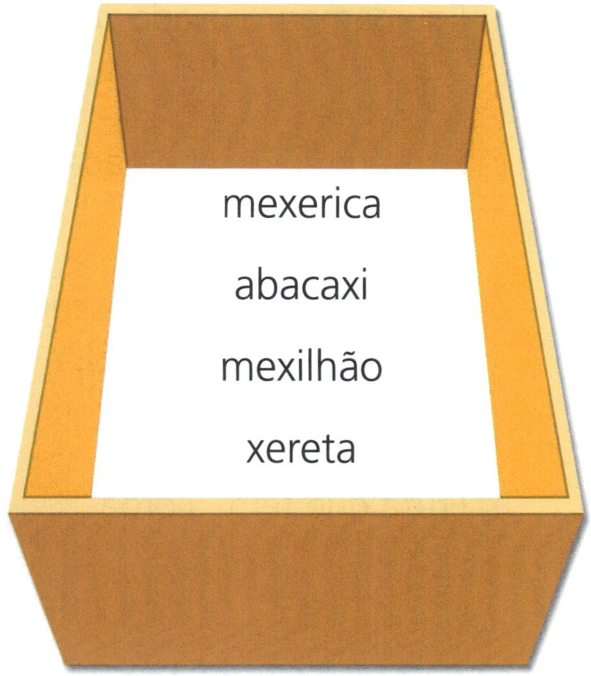

4 Complete as frases com as palavras do quadro.

explosão	caixote
enxada	texto

a) O feirante guardou os legumes dentro do ....

b) A .... da bomba atômica causou muita destruição.

c) Eduardo escreveu um .... maravilhoso!

d) A .... fez bolhas na mão do lavrador.

5 O que é, o que é? **Dica**: se tiver dúvida, consulte as atividades anteriores.

a) Instrumento usado para capinar a terra.

....

b) Equipamento usado para apagar incêndios.

....

c) Fruta também chamada de **tangerina**.

....

d) Molusco de concha escura de formato oval, geralmente comestível.

....

e) Fruta que tem "coroa".

....

6 Circule no diagrama as palavras com **x**.

M	C	E	X	P	L	I	C	A	Ç	Ã	O	D	F	S
E	N	X	U	G	A	R	O	E	B	E	X	I	G	A
W	X	Q	E	X	P	E	R	I	M	E	N	T	A	R
X	A	R	O	P	E	U	O	E	N	A	L	I	X	O
X	P	B	A	E	X	P	U	L	S	Ã	O	M	J	L
E	X	P	L	O	D	I	R	A	D	L	S	R	U	Y

- Agora, separe as palavras que você circulou conforme o som.

Som de **ch**	Som de **s**
....	....
....	....
....	....
....	....

7 Complete as frases a seguir com as palavras do quadro.

xale	rouxinol	xereta
extensão	explicação	extra

a) Quando Raul não entende o que o professor acabou de dizer, ele pede uma nova ________________.

b) Vovó saiu com pressa e esqueceu o ________________ sobre a mesa.

c) Quando alguém se intromete em assunto dos outros, dizemos que essa pessoa é ________________.

d) Estava olhando pela janela do meu quarto e vi um ________________ no telhado do vizinho.

e) A fase adulta é uma ________________ da infância.

f) Meu primo ajuda meu tio a cortar a grama e ganha um dinheiro ________________ por isso.

- As palavras que você usou têm som de **ch** em:

  ◯ b, c, d. ◯ a, d, f. ◯ a, e, f.

- Logo, as palavras que têm som de **s** foram usadas em:

  ◯ b, c, d. ◯ a, d, f. ◯ a, e, f.

Ideias em ação

Observe a cena.

Tiago vai mudar e precisa arrumar suas coisas.

1 Pinte os objetos da cena com a mesma cor do baú onde o menino os colocará.

palavra com **r** fraco sem acento

palavra com **r** inicial sem acento

palavra com **r** inicial e acento circunflexo

palavra com **r** inicial com acento agudo

2 Agora, escreva as palavras na coluna correspondente. Observe as cores.

3 Escreva o nome de um objeto da cena que é escrito com a sílaba **ra** e com **ss**.

4 Escreva uma frase afirmativa e outra negativa com a palavra que você escreveu acima.

5 Que objetos da cena têm til no nome?

- Escreva uma única frase com essas palavras.

Unidade 3

O que vou estudar?

- Substantivo
- Substantivo comum e substantivo próprio
- Substantivo masculino e substantivo feminino
- Substantivo no singular e no plural
- Substantivo no aumentativo e no diminutivo

Capítulo 1

Substantivo

Leia parte de uma reportagem e observe as palavras destacadas.

O **personagem Peter Pan** foi criado há mais de cem anos. Hoje, diverte **crianças** cujos **pais** não haviam nem nascido em 1953, quando a **Disney** o popularizou com o lançamento do primeiro **filme** de **animação** sobre ele.

Muita **gente** diz que essa **história** sobre a **Terra do Nunca** está sempre atual porque fala de **temas** que os **adultos** de hoje entendem bem. Peter Pan é um **garoto** que não quer crescer, quer ser **criança** para sempre. [...]

Walt Disney Productions/Album/Latinstock

Eterna criança, de Sérgio Rizzo. **Folha de S.Paulo**, São Paulo, 3 out. 2015. Folhinha.

Tudo que existe tem nome: pessoas, objetos, lugares, sentimentos, etc.

Substantivo é a palavra que dá nome a tudo que existe.

Atividades

1 Observe esta capa de revista.

Magali, de Mauricio de Sousa. São Paulo: Panini Comics, n. 37, set. 2013.

a) Que animal doméstico aparece na capa?

....

b) Escreva o nome das frutas que aparecem nessa capa.

....

c) Se você tivesse que dar um nome para esse animal doméstico, que nome daria?

....

2 Escreva substantivos que comecem com as letras indicadas.

Letra	Nome de fruta	Nome de animal	Nome de objeto
A			
B			
C			

3 Circule nas frases as palavras que dão nome a seres e objetos.

a) Gato e cachorro podem viver juntos.

b) Carro novo também pode quebrar.

c) Milena é uma menina talentosa.

- Copie a primeira palavra circulada de cada frase e explique por que elas foram escritas com inicial maiúscula.

4 Escolha um nome para estes animais e escreva-os abaixo das imagens correspondentes.

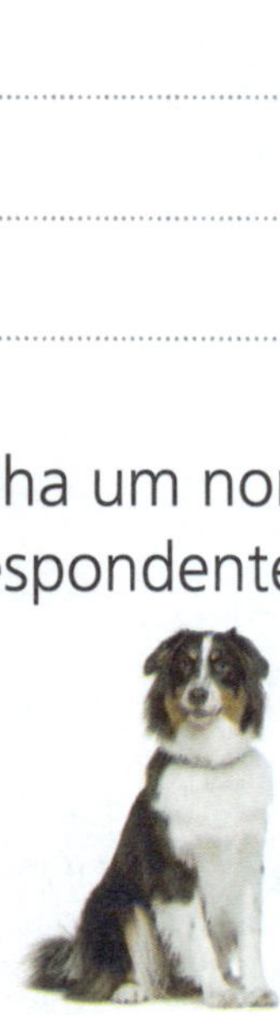

Eric Isselée/Shutterstock/Imageplus

Alekcey/Shutterstock

horsemen/Shutterstock

5 Observe a cena.

a) Qual é o nome da rua onde as pessoas estão?

....

b) Em que praça as crianças brincam?

....

6 Escreva o que se pede.

a) Seu nome completo.

....

b) O nome da escola onde você estuda.

....

Fique por dentro!

Nomes de animais, lugares, pessoas iniciam com letra maiúscula.

No dia a dia

Você já sabe que tudo no mundo tem nome. Toda criança, ao nascer, tem direito a um nome e a um sobrenome.

Veja a reprodução de uma certidão de nascimento. Ela é o primeiro documento do bebê. Nela aparecem o nome que ele recebeu, o nome dos pais, dos avós e da cidade onde nasceu.

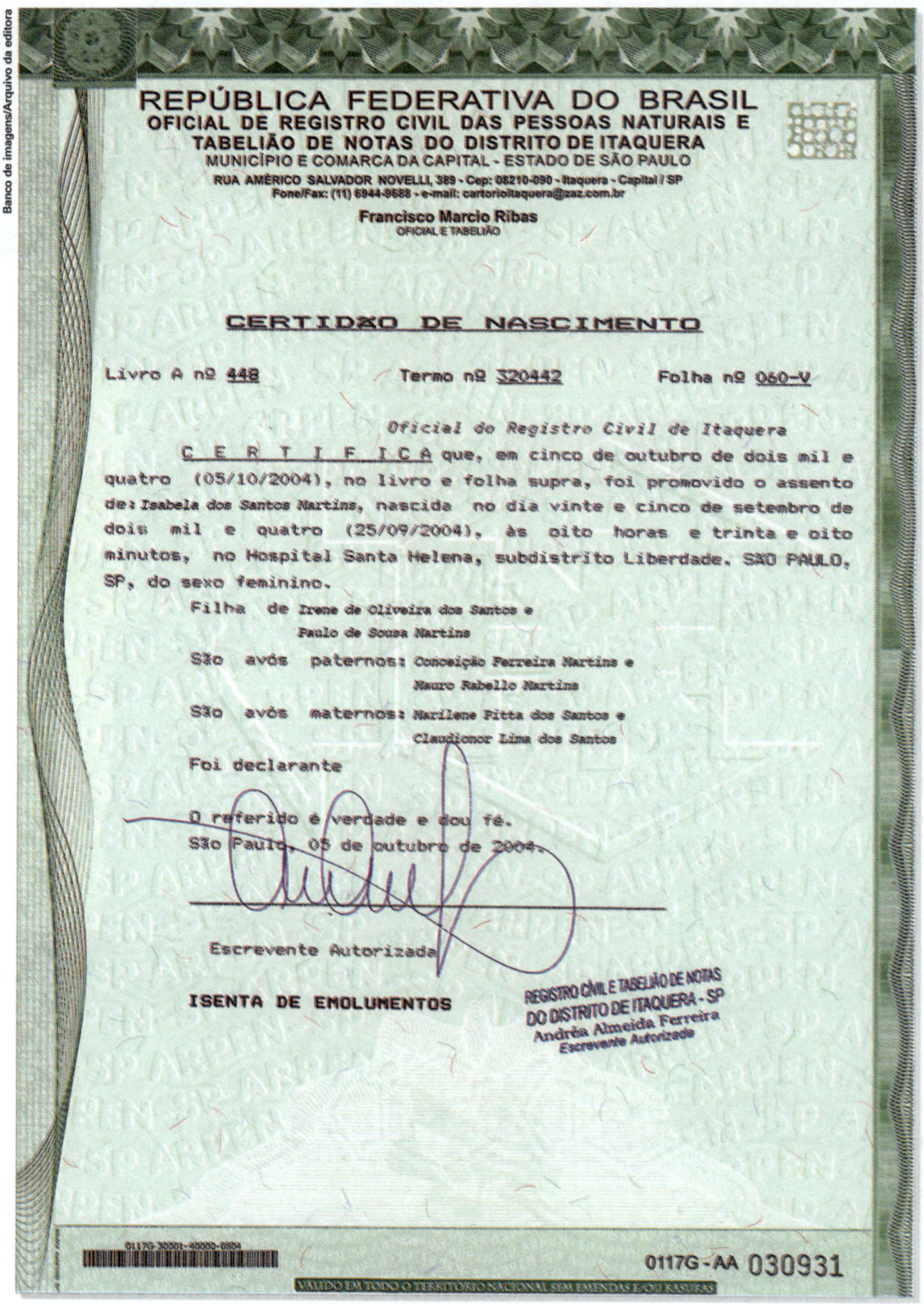

REPÚBLICA FEDERATIVA DO BRASIL
OFICIAL DE REGISTRO CIVIL DAS PESSOAS NATURAIS E TABELIÃO DE NOTAS DO DISTRITO DE ITAQUERA
MUNICÍPIO E COMARCA DA CAPITAL - ESTADO DE SÃO PAULO
RUA AMÉRICO SALVADOR NOVELLI, 389 - Cep: 08210-090 - Itaquera - Capital / SP
Fone/Fax: (11) 6944-9688 - e-mail: cartorioitaquera@zaz.com.br

Francisco Marcio Ribas
OFICIAL E TABELIÃO

CERTIDÃO DE NASCIMENTO

Livro A nº 448 Termo nº 320442 Folha nº 060-V

Oficial do Registro Civil de Itaquera

C E R T I F I C A que, em cinco de outubro de dois mil e quatro (05/10/2004), no livro e folha supra, foi promovido o assento de: *Isabela dos Santos Martins*, nascida no dia vinte e cinco de setembro de dois mil e quatro (25/09/2004), às oito horas e trinta e oito minutos, no Hospital Santa Helena, subdistrito Liberdade. SÃO PAULO, SP, do sexo feminino.

Filha de Irene de Oliveira dos Santos e
Paulo de Sousa Martins

São avós paternos: Conceição Ferreira Martins e
Mauro Rabello Martins

São avós maternos: Marilene Pitta dos Santos e
Claudionor Lima dos Santos

Foi declarante

O referido é verdade e dou fé.
São Paulo, 05 de outubro de 2004.

Escrevente Autorizada

ISENTA DE EMOLUMENTOS

REGISTRO CIVIL E TABELIÃO DE NOTAS DO DISTRITO DE ITAQUERA - SP
Andréa Almeida Ferreira
Escrevente Autorizada

0117G-30001-40000-0804

0117G-AA 030931

VÁLIDO EM TODO O TERRITÓRIO NACIONAL SEM EMENDAS E/OU RASURAS

- Complete a ficha abaixo com seus dados, usando substantivos próprios.

Nome completo: ....

Apelido: ....

Nome do pai: ....

Nome da mãe: ....

Nome dos avós paternos: ....

Nome dos avós maternos: ....

Endereço atual: ....

Bairro: .... Cidade: ....

Estado: .... País: ....

Melhor amigo ou amiga: ....

Animal de estimação: ....

Time do coração: ....

Personagem favorito: ....

Desenho animado favorito: ....

Programa de TV favorito: ....

De olho no dicionário

No dicionário também é possível saber se a palavra é um substantivo.

Veja a reprodução de um verbete de dicionário e observe a palavra **substantivo**, que aparece após a separação silábica dessa palavra.

> **quadrinhos (qua-dri-nhos)** *substantivo* **1.** Série de desenhos ou fotografias, com falas de personagens em balões, compondo uma história; história em quadrinhos: *Bruno adora ler histórias em quadrinhos.*
>
> **Aurelinho: dicionário infantil ilustrado da língua portuguesa**, de Aurélio Buarque de Holanda Ferreira. Curitiba: Positivo, 2008.

1 Abra o **Minidicionário** na letra C e procure o substantivo **campo**. Ligue cada frase ao significado correspondente.

Vovó mora numa linda casa no **campo**.	Lugar amplo, com ou sem grama, usado para a prática de esportes.
Os dois times de futebol se enfrentaram no maior **campo** da cidade.	Região onde existem árvores, rios, pastos, criação de animais, etc.

2 Na letra Q do **Minidicionário** há dois substantivos que são sinônimos. Quais são eles?

....

....

3 Abra o **Minidicionário** na letra F e procure os substantivos **fauna** e **flora**. Nas frases abaixo, escreva se o elemento em destaque pertence à fauna ou à flora.

a) Os **lobos** saíram correndo quando ouviram um barulho próximo a onde viviam.

....

b) As **árvores** da floresta balançavam com o vento.

....

c) É proibido pescar os **peixes** daquele rio.

....

d) As **orquídeas** são difíceis de serem encontradas na Floresta Amazônica.

....

e) Os biólogos pesquisaram sobre os hábitos das **tartarugas marinhas** daquela região.

....

Evaristo Sá/Agência France-Presse

Ortografia

ca, co, cu; qua, que, qui

1 Complete o nome dos animais com a sílaba que falta.

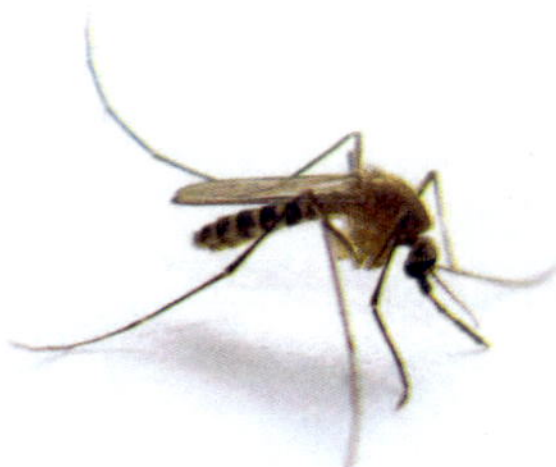

KhunMai/Shutterstock

Thithawat.S/Shutterstock

mos..........to   mos..........

- Agora, complete.

Nessas palavras, as letras **c** e **qu** representam o mesmo ....

Antes de **a**, **o**, **u** usamos .... Exemplo: mos**ca**.

Antes de **e**, **i** usamos .... Exemplo: mos**qui**to.

2 Leia as palavras do quadro. Depois, escreva-as na coluna correta.

raquete	cuca	requeijão	socorro
macaco	esquina	brinquedo	curioso

Palavras com	
ca, co, cu	**que, qui**
....	....
....	....
....	....
....	....

3 Troque os números pelas sílabas, descubra palavras e escreva-as.

1	2	3	4	5	6	7	8	9	10	11
bi	que	qui	a	bar	bo	nho	le	ca	cu	co

a) 8, 2 → ....

b) 3, 4, 6 → ....

c) 9, 6 → ....

d) 1, 3, 7 → ....

e) 11, 3, 7 → ....

f) 5, 3, 7 → ....

g) 4, 2, 8 → ....

h) 10, 6 → ....

i) 9, 3 → ....

j) 5, 11 → ....

4 Circule no diagrama nomes de alimentos e de animais com **que** e **qui**. Depois, escreva-os nas colunas adequadas.

M	R	V	E	T	H	A	T	A	P	I	C	A	Q	U	I	R	Q	U	I	R
I	S	U	I	V	B	O	Z	R	D	S	F	R	S	T	U	W	S	T	U	W
J	C	Q	U	E	I	J	O	Q	I	R	Q	U	A	T	I	O	A	T	I	O
X	M	O	S	Q	U	I	T	O	H	O	T	F	W	A	K	V	W	A	K	V
O	J	U	F	B	E	E	L	P	E	R	I	Q	U	I	T	O	U	I	T	O
C	P	E	S	Q	U	I	L	O	H	O	G	H	Q	U	X	E	Q	U	X	E
T	U	Q	U	I	B	E	R	Z	R	D	S	Q	U	I	A	B	O	A	R	M

Alimentos	Animais
....	....
....	....
....	....
....	....

5 Leia o poema.

Enquanto se **maquiavam**,
essas **quatro fofoqueiras**
quase só se **queixavam**
de coisinhas **corriqueiras**.

As letras: quadrinhas dos filopatas, de Elisabeth Bosetti e Simone Goulfier. São Paulo: Scipione, 1996.

a) Copie as palavras destacadas e circule a vogal que vem depois do **qu**.

....

....

b) Complete as informações.

Nas palavras com **qu**, a letra **u** não é pronunciada quando vem antes de .... e de ...., como em **fofoqueiras** e **maquiavam**.

Nas palavras com **qu**, a letra **u** é pronunciada quando vem antes de ...., como em **enquanto** e **quase**.

6 O que é, o que é? Descubra e complete as palavras com a sílaba que está faltando. **Dica**: todas as sílabas têm **c** ou **qu**.

a) Aparelhos que substituem o trabalho do ser humano.

má..........nas

b) Buscar informações a respeito de um assunto.

pes..........sar

c) Doce feito de coco ralado e calda de açúcar.

..........cada

d) Cobre objetos com o objetivo de protegê-los.

..........pa

7 Forme uma única frase usando as palavras do quadro.

quatro	brinquedos	pequenos

....

....

8 Complete a cruzadinha com o nome das figuras.

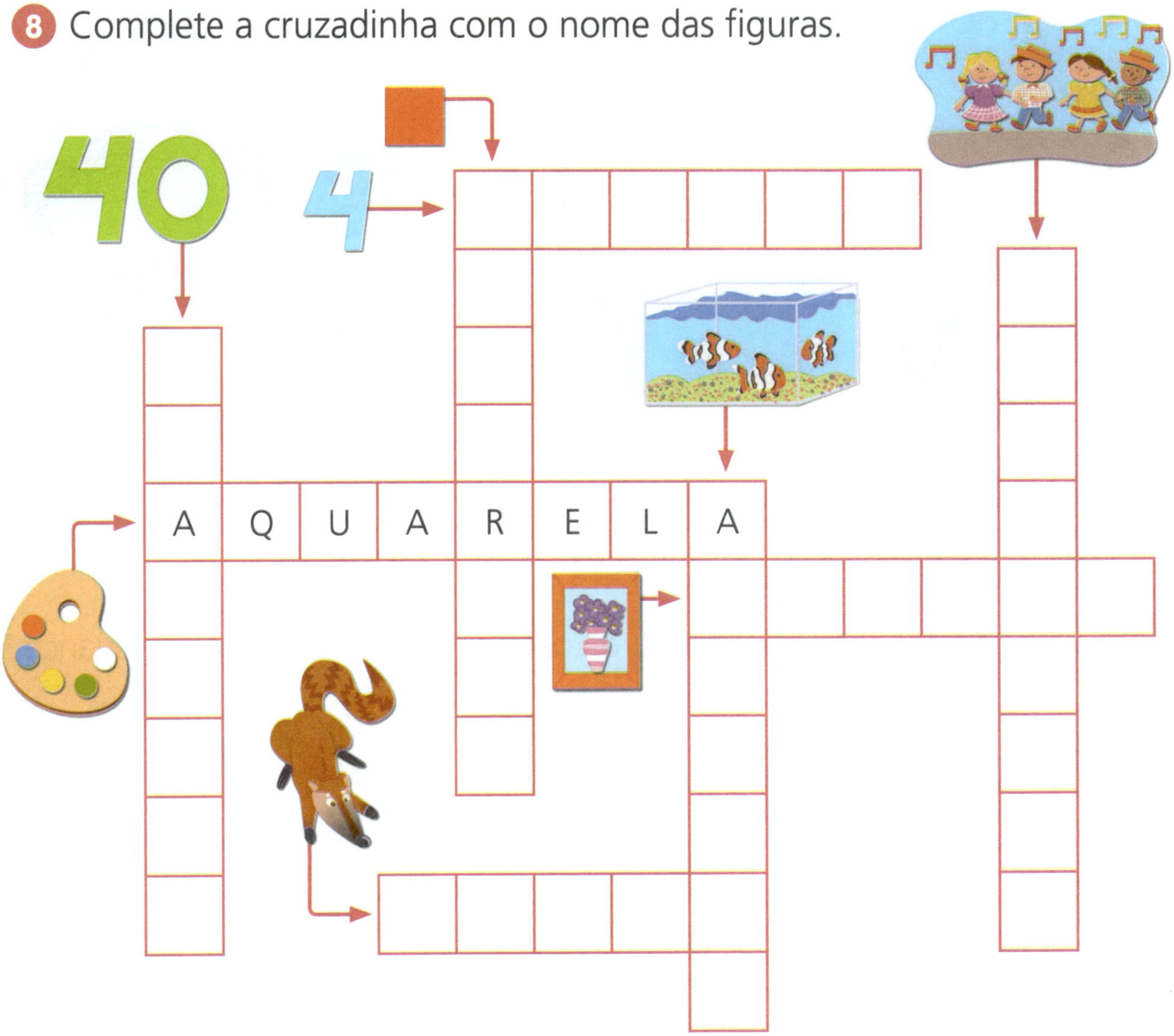

a) Nessas palavras, depois de **qu** aparece a vogal:

◯ a. ◯ e. ◯ i.

b) Nessas palavras, a letra **u** é pronunciada?

◯ Sim. ◯ Não.

Capítulo 2 Substantivo comum e substantivo próprio

Leia as falas e observe as palavras destacadas.

As palavras destacadas são **substantivos**.

A palavra **crianças** é **substantivo comum**, pois indica qualquer criança.

> O **substantivo comum** indica qualquer lugar (cidade, país), qualquer animal (gato, cachorro), qualquer objeto (blusa, lápis), qualquer pessoa (menina, menino), etc.
>
> O substantivo comum é escrito com inicial minúscula.

A palavra **Paula** é **substantivo próprio**, pois indica uma criança em especial.

> O **substantivo próprio** indica uma única pessoa, um único animal, uma única cidade, um único país, etc.
>
> O substantivo próprio é escrito com inicial maiúscula.

Atividades

1 Leia o texto e observe a capa do livro do qual ele foi tirado.

Bob Esponja acordou certa manhã sentindo-se péssimo.

— Ai, **Gary**, estou muito mal! — disse Bob Esponja. — ATCHIM!

Quando Bob Esponja espirrou, **bolhinhas** cor-de-rosa saíram de todos os seus **buracos**.

— Miau — disse Gary.

— Deixa de ser bobo, Gary — ralhou Bob Esponja. — Eu não estou resfriado. Não pego **resfriado**, eu só pego **bolhite**.

[...]

Reprodução/Caramelo Editora

Bob Esponja vai ao médico, de Steven Banks. São Paulo: Caramelo, 2006.

- Escreva na coluna adequada os substantivos destacados no texto.

Substantivo próprio	Substantivo comum

2 Forme uma frase com um substantivo próprio e um substantivo comum do quadro.

Cinderela	história
São Paulo	personagem
Magali	cidade

3 Escreva um nome próprio para cada nome comum destacado nas frases. Veja o exemplo.

> **Fique por dentro!**
> Substantivos próprios iniciam com letra maiúscula.

a) Meu novo **amigo** chama-se .... Francisco.

b) O nome da **cidade** onde moro é ....

c) A **professora** .... ainda não chegou.

d) Meu **cachorrinho** chama-se ....

e) Meus **vizinhos** .... e .... se casaram.

4 Circule no diagrama cinco substantivos comuns e complete as informações das frases.

E	I	G	U	A	N	A	E	N	P	A
Q	T	A	V	E	S	T	R	U	Z	A
C	A	S	C	A	V	E	L	E	T	U
T	A	R	A	N	T	A	I	V	R	M
G	I	R	A	F	A	R	S	T	A	W

> **Fique por dentro!**
> Substantivos comuns iniciam com letra minúscula.

a) O .... é a ave mais alta do mundo, podendo medir 2,5 metros de altura.

b) A .... é uma serpente venenosa que se alimenta de pequenos animais roedores.

c) A .... é o maior mamífero terrestre brasileiro.

d) A .... é o animal mais alto do mundo; o macho pode atingir 5,5 metros de altura e a fêmea, 4,3 metros.

e) O .... é uma espécie de lagarto que vive no alto das árvores.

5 Reescreva as frases substituindo o trecho destacado por um substantivo próprio. Veja o exemplo.

Amanhã é feriado **no meu estado**.

Amanhã é feriado no Rio de Janeiro.

a) **A menina** brinca com a bola e **o menino** roda pião.

....

b) O circo chegou **à nossa cidade**.

....

c) Elaine encontrou **uma gata** no telhado de sua casa.

....

d) **O cão** latiu para **meu amigo**.

....

e) **Este país** é grande.

....

f) Eu e **minha amiga** veremos um filme hoje.

....

6 Leia os substantivos comuns e invente um substantivo próprio para cada um deles.

Fique por dentro!

Nomes de pessoas são substantivos próprios.

bailarina

....

cozinheiro

....

menina

....

aluno

....

Ortografia

ga, go, gu; gua, gue, gui

1 Leia o bilhete que Guilherme escreveu para o pai dele.

> Papai,
> Combinei com o Gustavo, o garoto que mora ao lado, de levar o gatinho Gugu para tomar vacina. Depois, iremos à aula de guitarra.
> Guilherme

- Copie na coluna adequada as palavras sublinhadas no bilhete.

Palavras com		
ga	gu	gui
....	....	....
....	....	....

2 Circule a palavra que não pertence ao grupo.

1	2
figueira, fogueira seringueira, mangueira	caranguejo, linguado laguinho, preguiça

- Explique por que essas palavras não pertencem aos grupos.

1 **Fogueira** ....

2 **Laguinho** ....

3 Organize as letras e escreva palavras com as sílabas **ga**, **go**, **gu**.

g t l h a o u d e

....

....

....

....

4 Leia o que as crianças estão dizendo.

a) Copie as palavras destacadas e circule a vogal que vem depois de **gu**.

....

b) Agora, complete as afirmações.

Nas palavras com **gu**, a letra **u** não é pronunciada quando vem antes de .... e ...., como em **Miguel** e **Guilhermina**.

Nas palavras com **gu**, a letra **u** é pronunciada quando vem antes de ...., como em **água**.

5 Complete os nomes das figuras com **gua**. Depois, copie-os.

..........rdanapo

....

á..........

....

é..........

....

lín..........

....

ja..........tirica

....

..........raná

....

6 Leia as palavras do foguete e use-as para completar as informações.

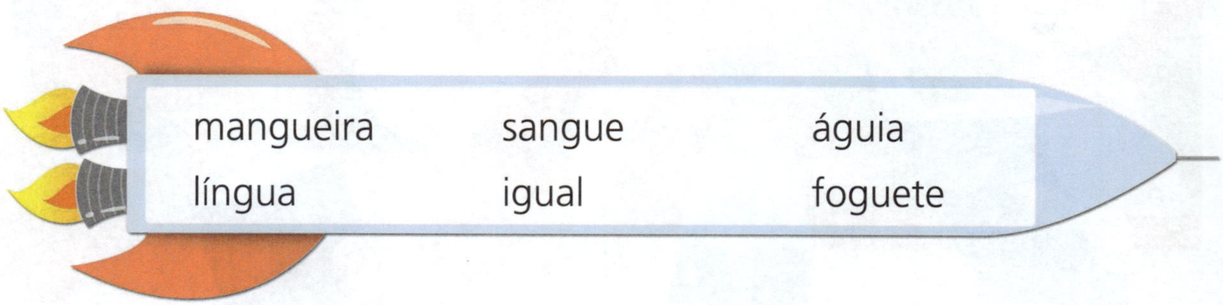

a) O alfabeto da .... portuguesa tem 26 letras.

b) A .... é uma ave.

c) O .... é um veículo espacial.

d) O fruto da .... é a manga.

e) O .... corre dentro do nosso corpo.

f) O antônimo de .... é **diferente**.

7 Calcule a soma dos números e procure no quadro a sílaba correspondente ao resultado para descobrir as palavras. Veja o exemplo.

2	3	4	7	8	9	10	11	12	15
ça	ra	go	ná	gui	gua	pre	ré	guei	fo

5 + 4 = 9	2 + 1 = 3	6 + 1 = 7	→	guaraná
10 + 1 = ...	5 + 4 = ...		→	......
10 + 5 = ...	8 + 4 = ...	2 + 1 = ...	→	......
5 + 5 = ...	6 + 2 = ...	1 + 1 = ...	→	......
9 + 6 = ...	4 + 0 = ...		→	......
3 + 7 = ...	2 + 2 = ...		→	......

8 O que você sabe sobre o animal abaixo? Conte aos colegas e depois escreva uma frase sobre ele.

Fabio Colombini/Acervo do fotógrafo

lobo-guará

....

....

Capítulo 3

Substantivo masculino e substantivo feminino

Leia um trecho da história **O menino que quase morreu afogado no lixo**.

Esta história que eu vou contar aconteceu na minha rua.

Quer dizer, eu nem sei se aconteceu no duro, que ela parece umas histórias que a minha **mãe** inventa, que é pra convencer a gente a se comportar bem, a arrumar o quarto direitinho, a não espalhar lixo por todo lado.

Mas quem contou não foi a mãe de ninguém, não.

Quem me contou foi o **Armandinho**, que ouviu da própria **Xuxa**, que era empregada na casa do **Waldisney**.

O Waldisney era um menino como todo mundo. Nem melhor, nem pior.

Era louco por vídeo game, por flocos de milho e por filme de pancadaria.

Uma vez, os **pais** do Waldisney foram viajar. Uma viagem comprida.

O Waldisney ficou sozinho em casa. Quer dizer, sozinho, não. A Xuxa vinha todas as manhãs, fazia uma faxina e ia embora. A **vovó** vinha à noite e dormia no quarto de Dona **Laura**.

O menino que quase morreu afogado no lixo, de Ruth Rocha. São Paulo: Salamandra, 2015.

Leia no quadro abaixo as palavras destacadas no texto.

Palavras no masculino	Palavras no feminino
Armandinho	mãe
Waldisney	Xuxa
menino	vovó
pais	Laura

Os substantivos podem ser classificados em **masculinos** ou **femininos**.

Antes de substantivos masculinos podemos usar: **o**, **os**, **um**, **uns**. Assim:

o menino   os pais   um menino   uns pais

Antes de substantivos femininos podemos usar: **a**, **as**, **uma**, **umas**. Assim:

a mãe   as avós   uma mãe   umas avós

Atividades

1 Escreva **o** ou **a** na frente dos substantivos. Depois, escreva M nos substantivos masculinos e F nos femininos.

◯ .... pavão	◯ .... abelha
◯ .... macaco	◯ .... carneiro
◯ .... ovelha	◯ .... cabra
◯ .... zangão	◯ .... galo
◯ .... galinha	◯ .... pavoa
◯ .... macaca	◯ .... bode

2 Escreva o feminino dos substantivos trocando **o** por **a** no final. Veja o exemplo.

a) um aluno ⟶ *uma aluna*

b) um vizinho ⟶ ....

c) um menino ⟶ ....

d) um noivo ⟶ ....

e) um gato ⟶ ....

f) um primo ⟶ ....

3 Dentre os nomes de seus colegas de classe, escreva:

Três nomes masculinos	Três nomes femininos
....	....
....	....
....	....

Fique por dentro!

Substantivos próprios iniciam com letra maiúscula.

4 Reescreva as frases passando os substantivos destacados para o masculino. Use as palavras do chapéu e faça as adaptações necessárias.

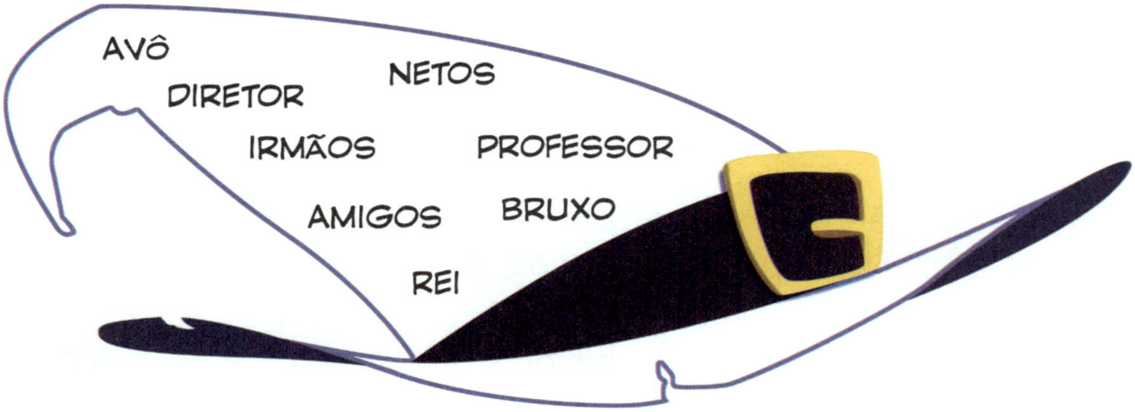

a) A **avó** levou as **netas** ao parque.

....

b) A **diretora** e a **professora** são **irmãs**.

....

c) A **rainha** e a **bruxa** da história ficaram **amigas**.

....

5 Escreva o nome das figuras, colocando **o** antes dos substantivos masculinos e **a** antes dos substantivos femininos. Veja o exemplo.

o telefone ....

....

Ortografia

as, es, is, os, us

1 Leia em voz alta as palavras com **as**, **es**, **is**, **os**, **us**.

escola	férias	história	susto	biscoito
descanso	poste	pastelaria	estudo	ônibus
costureira	buscar	fósforo	lista	ginástica

- Agora, distribua-as no quadro.

Palavras com				
as	**es**	**is**	**os**	**us**
....	....	....	....	....
....	....	....	....	....
....	....	....	....	....

2 Leia cada palavra em voz alta. Depois, faça como no exemplo.

		Número de sílabas
picada	pi-ca-da	3
piscada	........–........–........	....
caco	........–........	....
casco	........–........	....
pecado	........–........–........	....
pescado	........–........–........	....

3 Pinte da mesma cor as figuras iguais. Depois, ordene as sílabas e descubra a resposta para cada item.

a) O oitavo mês do ano: ....

b) Um tipo de calçado: ....

c) Uma profissão: ....

d) Uma cor: ....

a | lás | tê | jor

li | nis | lis | to | ta | gos | na

4 Observe a cena. Depois, ordene as sílabas dos quadrinhos e copie a frase.

Paulinho quer ser [tro | nau | as | ta], viajar pelo [ço | es | pa] e conhecer o planeta [nus | Vê].

....

....

5 Complete as frases com o nome das figuras.

a) Com que .... irei à festa? 

b) Onde estão meus ....? 

c) Vamos comer um .... na feira? 

Capítulo 4

Substantivo no singular e no plural

Leia esta quadrinha.

O **mundo** não é dois **mundos,**
No céu não tem dois senhores,
Quem não tem dois corações
Não pode ter dois amores.

Quadrinha popular.

Observe:

o **mundo**

A palavra **mundo** indica um só mundo.

Ela está no **singular**.

dois **mundos**

A palavra **mundos** indica mais de um mundo.

Ela está no **plural**.

O **singular** indica um só elemento: mundo, senhor, coração, amor.

O **plural** indica mais de um elemento: mundos, senhores, corações, amores.

Atividades

1 Leia o texto.

Muito prazer

Meu nome é Taz, Taz Valente. Nasci no dia 7 de fevereiro de 1999 e tenho, no dia em que escrevo para você, cinco **anos** e dois **meses**.

Na verdade, nasci como Taz de Anai, por causa do nome de minha **família** original, que é de Itaipava, uma **cidade** serrana perto do Rio. Tive seis **irmãos**, mas logo me separei deles e de minha **mãe**, o que é um pouco triste. O nome Taz Valente veio da família que me adotou, a família Valente, que sempre quis ter um cachorrinho.

Você se espantou? Pois é, eu sou um **cachorro** pequeno, de cor cinza-prateado e estou aqui para contar minha história e **aventuras**.

[...]

As aventuras de Taz Valente, de Paulo Gurgel Valente. Rio de Janeiro: José Olympio, 2005.

a) Circule no texto as palavras destacadas que estão no singular.

b) Sublinhe no texto as palavras destacadas que estão no plural.

2 Escreva o nome das figuras no singular e no plural.

Singular	Plural
o .... 	os .... 
a .... 	as .... 
um .... 	uns .... 
uma .... 	umas .... 

3 Leia as palavras do quadro. Depois, copie-as no jarro adequado.

alunos	jarros	tomate
livro	árvores	girafa

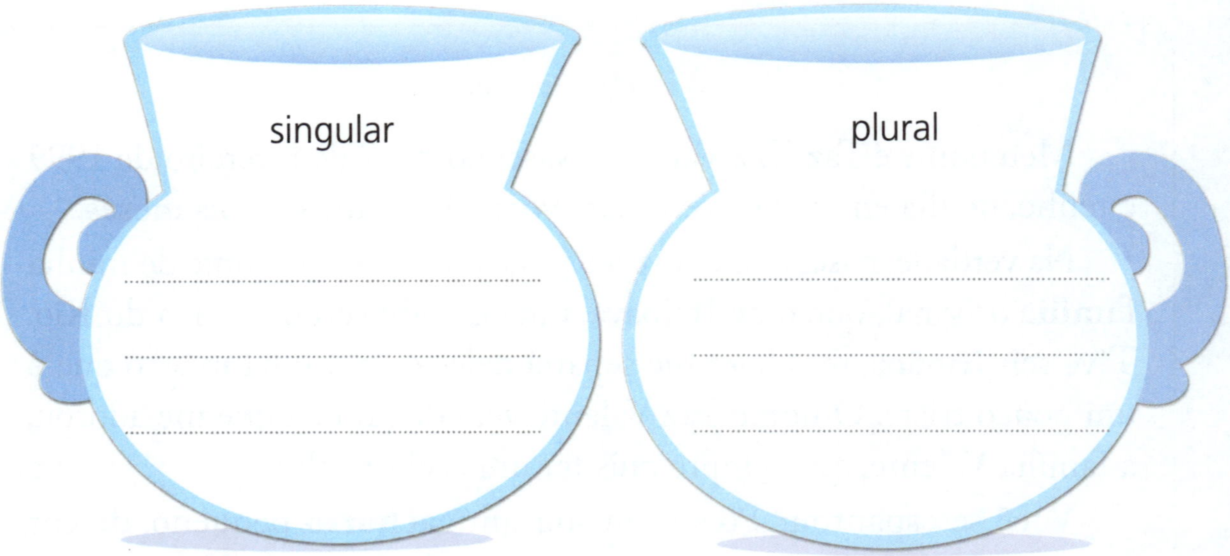

- Complete as frases com as palavras que você copiou.

a) Como as .... cresceram!

b) Acabei de ler um .... ótimo!

c) Adoro salada de .... com alface.

d) As meninas colocaram as flores nos ....

e) O pescoço da .... é comprido.

f) Em minha turma há 25 ....

4 Forme o plural destas palavras acrescentando **es**. Veja os exemplos.

cantor → cantores

cartaz → cartazes

a) flor → ....

b) mulher → ....

c) pintor → ....

d) cruz → ....

e) voz → ....

f) rapaz → ....

5 Veja nos exemplos como formar o plural das palavras abaixo. Faça o mesmo.

Fique por dentro!

O plural das palavras terminadas em **el** e **ol** tem acento agudo.

Troque l por is	
anel →	anéis
farol →	
animal →	
canil →	
pincel →	

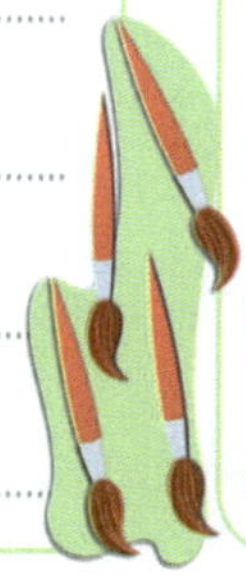

Troque m por ns	
jardim →	jardins
bombom →	
nuvem →	
garagem →	
álbum →	

6 Veja nos exemplos como formar o plural das palavras terminadas em **ão**. Faça o mesmo.

Troque ão por ãos			
irmão →	irmãos	cidadão →	
grão →		mão →	

Troque ão por ões			
coração →	corações	tubarão →	
fogão →		leão →	

Troque ão por ães			
alemão →	alemães	pão →	
capitão →		cão →	

7 Crie no caderno uma frase com a palavra **ator** no plural.

Ortografia

az, ez, iz, oz, uz

1 Leia a estrofe de um poema.

A **paz** são aquelas **abelhas**
que nos dão favos de mel
e todas as papoulas vermelhas
que eu desenho no papel.

Todas as crianças da Terra, de Sidónio Muralha.
São Paulo: Global, 2004.

- Compare as palavras e complete a frase.

abelha**s** pa**z**

As letras .... e .... em final de sílaba apresentam som semelhante.

2 Leia as palavras do chafariz e organize-as nas colunas adequadas.

Vogal seguida de s	Vogal seguida de z
....	....
....	....
....	....
....	....
....	....

3 Complete as palavras com **az**, **ez**, **iz**, **oz**, **uz**.

atr.......... vel.......... cart.......... cap..........

rap.......... nar.......... avestr.......... gravid..........

- Complete a informação com uma das palavras formadas.

  O .... é o órgão do olfato. Pelo .... podemos sentir cheiros bons, como o perfume das flores, e cheiros ruins, como o de lixo.

4 Complete cada fala dos balões com uma das palavras do quadro.

quis   fiz

5 Ordene as letras e complete as frases com as palavras formadas.

o n z

A .... é o fruto da nogueira.

z i g

A professora escreve na lousa com .... colorido.

Capítulo 5 Substantivo no aumentativo e no diminutivo

Leia o texto com os colegas.

A bolsa, a bolsinha e a bolsona

Ia o menino para a cidade grande pela primeira vez.

O pai recomendou:

— Filho, tome o dinheiro para o trem, mas guarde-o sempre nesta bolsinha. Só tire da bolsinha as notas que precisar e nunca a deixe aberta.

O menino guardou bem aquelas palavras, pegou a bolsinha com o dinheiro e foi se despedir da mãe. A mãe olhou a bolsinha e achou que não era segura. Pegou uma outra, maior, e ensinou ao garoto:

— Meu filho, leve a bolsinha de dinheiro sempre dentro desta bolsa. E nunca a deixe aberta!

O menino prometeu obedecer e foi se despedir da avó. A avó, mais precavida, achou melhor dar-lhe uma bolsa maior ainda. E explicou:

— Meu neto, ponha sempre a bolsa com a bolsinha dentro desta bolsona. E nunca a deixe aberta!

O menino ouviu tudo com atenção e foi embora pegar o trem. [...]

Era uma vez... três!: histórias de enrolar, recontadas por Rosane Pamplona. São Paulo: Moderna, 2005.

Observe as figuras e leia as palavras.

bolsa

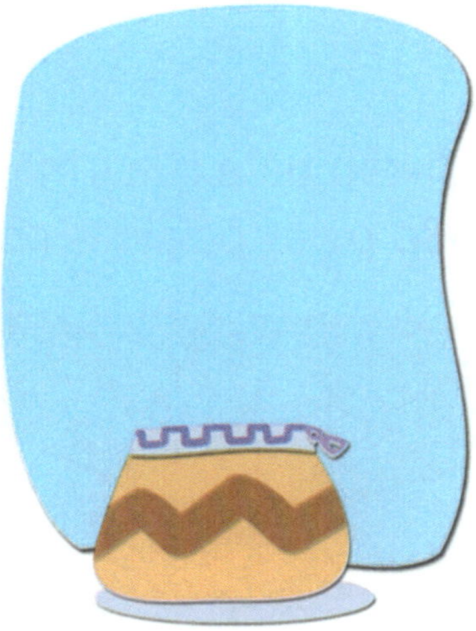

bolsinha

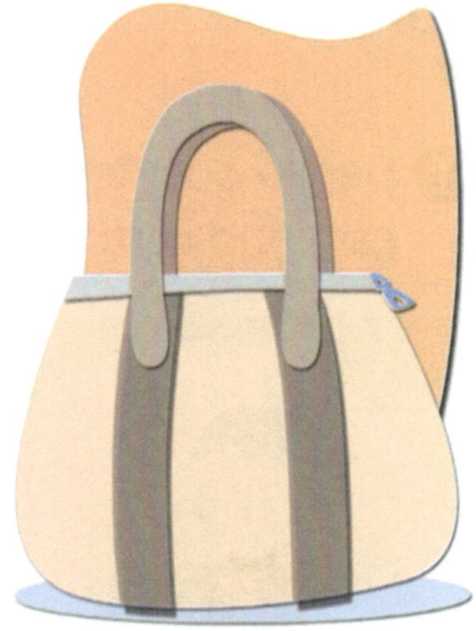

bolsona

O substantivo pode indicar:

- tamanho normal – dizemos que ele está na forma **normal**.
  Exemplo: bolsa.
- tamanho menor que o normal – dizemos que ele está no **diminutivo**.
  Exemplo: bolsinha.
- tamanho maior que o normal – dizemos que ele está no **aumentativo**.
  Exemplo: bolsona.

O **diminutivo** e o **aumentativo** são usados, principalmente, para dar ideia de tamanho ou intensidade.

Fique por dentro!

O **diminutivo** dá ideia de tamanho **pequeno**.
O **aumentativo** dá ideia de tamanho **grande**.

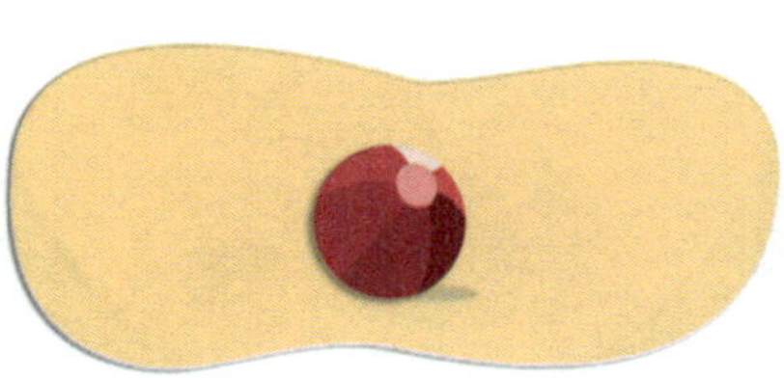

Atividades

1 Danilo quer levar um livrão para sua irmã. Ajude-o a encontrar o caminho certo seguindo pelas palavras no aumentativo.

2 Leia o poema e circule os substantivos no diminutivo.

[...]
— Já se vestiu, porquinho,
pra festa da priminha Val?
— Só um minutinho!
Só falta o toque final.
[...]

Só um minutinho, de Ivan Zigg. Rio de Janeiro: Nova Fronteira, 2009.

- Agora, escreva esses substantivos na forma normal.

....

3 Quais são as palavras intrusas? Descubra-as e circule-as.

amiguinho cavalinho vizinho copinho pãozinho

escovão homenzarrão salão coração janelão

4 Escreva o diminutivo dos substantivos. Veja o exemplo.

Fique por dentro!

Quando vão para o diminutivo, os substantivos terminados em **ga** e **go** são escritos com **gui**.

amigo → amiguinho

a) manga → ....

b) ruga → ....

c) umbigo → ....

d) fogo → ....

e) frango → ....

5 Copie as frases substituindo o substantivo destacado por seu aumentativo do quadro.

chapelão carrão
homenzarrão salão bocarra

a) Só vou à praia de **chapéu**.

....

b) Nossa, que **carro**!

....

c) Brinquei numa **sala** de jogos eletrônicos.

....

d) Você já viu a **boca** do jacaré?

....

e) O **homem** venceu a prova por causa de sua altura.

....

....

6 Complete com o aumentativo ou o diminutivo dos substantivos destacados. Veja o exemplo.

Nariz pequeno é o mesmo que *narizinho*.

a) **Pé grande** é o mesmo que ....

b) **Mão pequena** é o mesmo que ....

c) **Orelha grande** é o mesmo que ....

d) **Perna pequena** é o mesmo que ....

e) **Joelho grande** é o mesmo que ....

7 Complete o quadro colocando as palavras destacadas no diminutivo. Veja o exemplo.

revista infantil →	revistinha infantil
livro de bolso →	
amigos sinceros →	
cão esperto →	
bicho esquisito →	
bruxa má →	
casa de boneca →	

8 Leia as falas das crianças.

Fique por dentro!

O diminutivo e o aumentativo também podem indicar sentimento de carinho.

- Marque um **X** nas respostas corretas.

Nas frases acima:

( ) o substantivo **amiguinha** indica o tamanho da menina.

( ) o substantivo **amiguinha** expressa sentimento de carinho.

( ) o substantivo **companheirão** indica o tamanho do carinho.

( ) o substantivo **companheirão** expressa sentimento de carinho.

Ortografia

za, ze, zi, zo, zu

1 Leia este texto informativo e saiba mais sobre um assunto muito importante.

Sujeira na água

Michael Avory/Shutterstock/Imageplus

Os caminhos aquáticos de todo o planeta estão ligados por mares e oceanos.

Um saco plástico jogado num rio da Amazônia pode acabar na Antártica e ser engolido por um animal ou um pássaro marinho. Qual é o seu papel nisso tudo?

1. Participe da limpeza de rios e praias ou organize "faxinas" em sua cidade. Tente envolver sua escola nesse tipo de iniciativa.

2. Recolha toda a sujeira que encontrar e jogue-a na lata de lixo.

O que você pode fazer

Use menos energia e reduza sua pegada de carbono. Isso diminui a necessidade de petróleo das regiões polares. Evite usar o carro e apague as luzes.

Vá andando para a escola. Se for preciso ir de carro, combine um rodízio de caronas com um amigo: um dia ele vai no carro dos seus pais, no outro você vai no dos pais dele.

Planeta Terra: enciclopédia de Ecologia. São Paulo: Abril, 2008.

- Qual é a palavra do texto? **Dica**: todas as respostas têm a letra **z**.

a) Uma floresta: ....

b) O mesmo que **faxina**: ....

c) Sinônimo de **realizar**: ....

d) O mesmo que **revezamento**: ....

e) Sinônimo de **diminua**: ....

f) Fontes de claridade: ....

2 A letra **z** aparece na escrita de muitos numerais. Escreva-os por extenso.

a) 0 .... d) 13 .... g) 15 .... j) 18 ....

b) 11 .... e) 14 .... h) 16 .... k) 19 ....

c) 12 .... f) 200 .... i) 17 .... l) 300 ....

3 Ordene as sílabas e forme palavras.

a) | zu | a | jo | le | → ....

b) | tu | za | re | na | → ....

c) | nha | co | zi | → ....

d) | o | ló | gi | zo | co | → ....

4 Complete a cruzadinha com o nome das figuras.Observe a figura a seguir.

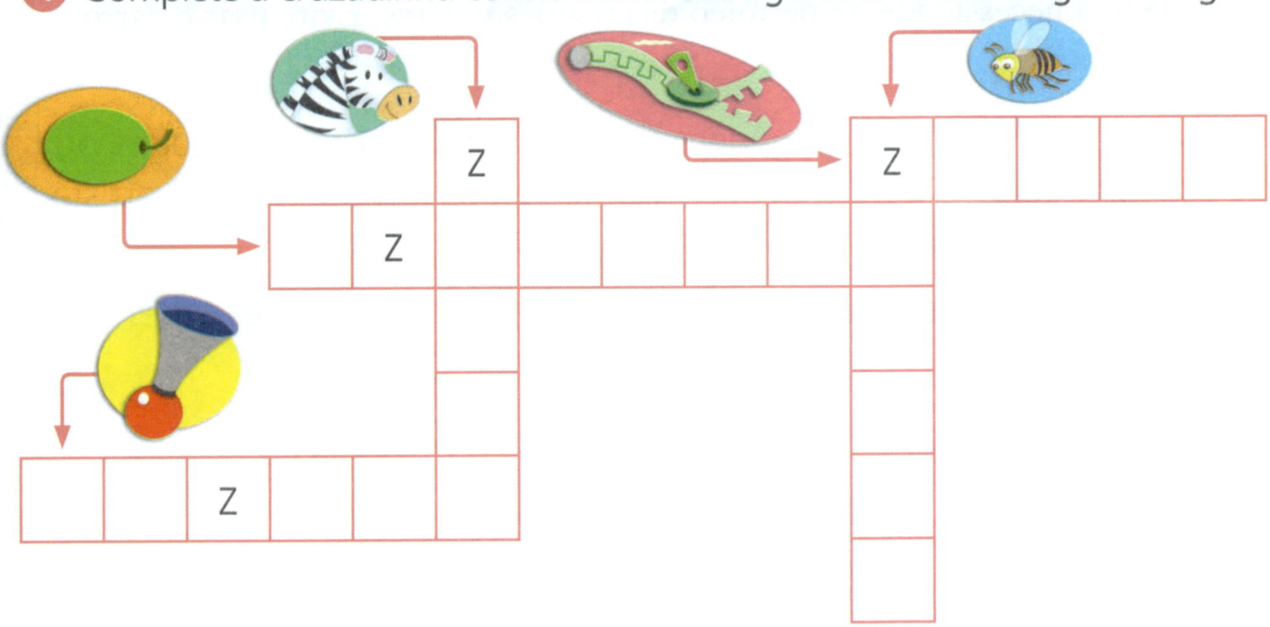

Ideias em ação

Observe a obra de arte a seguir.

PVDE/Rue des Archives/Latinstock

Maçãs e laranjas, de Paul Cézanne (1895-1900). Óleo sobre tela.

A natureza-morta é um gênero de pintura que representa coisas ou seres inanimados. Na obra de arte acima, vemos um trabalho do artista francês Paul Cézanne, feito entre 1895 e 1900.

- Liste três substantivos representados na pintura de Cézanne.

....

....

....

....

- Classifique esses substantivos em masculino ou feminino.

- Agora que você já sabe o que é uma natureza-morta, que tal praticar um pouco? No quadro abaixo, pinte uma natureza-morta e dê a ela um nome que tenha pelo menos um substantivo no plural.

Unidade 4

O que vou estudar?

- Substantivo coletivo
- Adjetivo
- Sinônimo
- Antônimo
- Verbo
- Presente, passado, futuro

Capítulo 1

Substantivo coletivo

Leia um trecho da história de vida de um pequeno livro.

O pequeno livro

[...] Quando eu decidir que tipo de livro quero ser, vou me arrumar, vestir minha capa e partir do país dos livros.

Já fiz treinamento na **biblioteca**, na livraria e no sebo.

Mas ainda não sei que tipo de livro quero ser quando crescer.

Minha mãe diz que eu poderia ser um guia ilustrado de alguma coisa. [...]

O pequeno livro, de Kanayo Sugiyama. Tradução de Monica Stahel. São Paulo: WMF Martins Fontes, 2013.

Biblioteca está no singular, mas representa um conjunto de livros.

Biblioteca é um **substantivo coletivo**.

O **substantivo coletivo** dá nome a um conjunto ou a uma grande quantidade de seres.

Atividades

1. Observe as imagens e circule os substantivos coletivos nas frases.

Jeff Schultes/Shutterstock/Imageplus

A banda tocou no festival de música.

ingimage/Other Images

O boiadeiro conduziu a boiada pela estrada de terra.

ingimage/Other Images

O cardume inteiro nadava junto no mar.

Marcello Casal Jr./ABR

A esquadrilha se apresentou no Dia da Independência.

- Agora, ligue cada palavra a seu substantivo coletivo.

peixes	boiada
músicos	cardume
aviões	esquadrilha
bois	banda

2. Ordene as palavras e forme frases.

a) coletivo de Arquipélago ilhas é o.

....

b) de alunos coletivo é o Classe.

....

3 Complete o quadro. Veja o exemplo.

Substantivo coletivo		Conjunto de
colmeia		abelhas
buquê		
cacho		
bando		

4 Reescreva as frases substituindo as figuras por seus nomes.

a) **Rebanho** é o coletivo de  .

....

b) **Álbum** é o coletivo de  .

....

5 Copie os substantivos coletivos do quadro embaixo das figuras correspondentes.

alfabeto ninhada time biblioteca

....

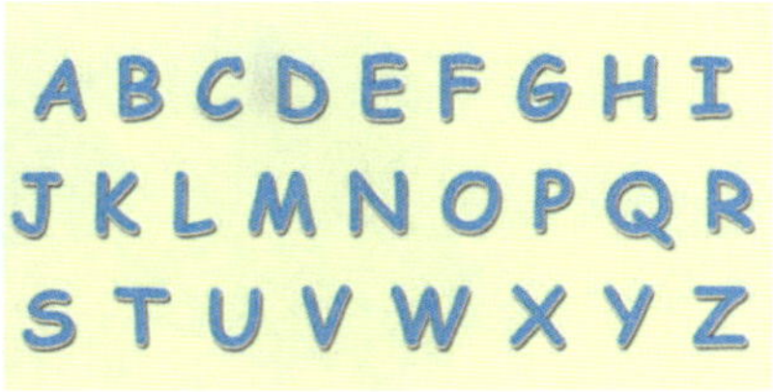

....

6 Leia o texto e circule um substantivo coletivo e o nome a que ele se refere.

Fim da picada

Antes de atacar com uma ferroada, as abelhas pensam muito! É que, quando elas picam, parte de sua barriga fica presa na pele de quem é atacado. Depois a abelha pode até sair voando, mas morre em seguida. Por isso as abelhas só atacam quando acham que a sua vida ou a colmeia estão em perigo.

Recreio. São Paulo: Abril, ano 8, n. 404, 6 dez. 2007.

De olho no dicionário

1 Procure na letra B do **Minidicionário** os substantivos coletivos correspondentes às definições abaixo.

a) Grande grupo de pessoas ou animais: ....

b) Coleção de livros: ....

c) Conjunto de árvores perto umas das outras: ....

- Escreva o nome do substantivo coletivo representado pela figura ao lado.

....

2 Faça o mesmo com os verbetes da letra F.

a) Grupo de animais que vivem em um mesmo ambiente em uma época: ....

b) Coleção de filmes de cinema: ....

c) Conjunto de plantas de um lugar ou uma região: ....

- Escreva o nome do substantivo coletivo representado pela figura ao lado.

....

3 Procure no **Minidicionário** que substantivo coletivo aparece na letra G.

....

- Leia seus significados e escreva uma frase com esse verbete.

....

....

Ortografia

al, el, il, ol, ul

1 Leia o poema e circule as palavras com **al** e **ul**.

Desperdício

De um único salto
a pulga foi parar
do asfalto
no último andar
de um edifício
mais alto que um morro.

Um desperdício esse *show*
de classe:
no alto do edifício
por mais que procurasse
a pulga não achou
nenhum cachorro.

Lé com cré, de José Paulo Paes. São Paulo: Ática, 2008.

- Copie, em ordem alfabética, as palavras que você circulou.

....

2 O que é, o que é? Escreva as respostas colocando uma letra em cada quadrinho. **Dica**: as palavras têm apenas uma sílaba.

Produto retirado da água do mar.			A	
Alimento fabricado pelas abelhas.		E		
O menor número com quatro algarismos.			I	
Ponto marcado em jogo de futebol.		O		
Ponto cardeal oposto ao Norte.			U	

3 Complete o nome das figuras com **al**, **el**, **il**, **ol**, **ul**.

carac..........

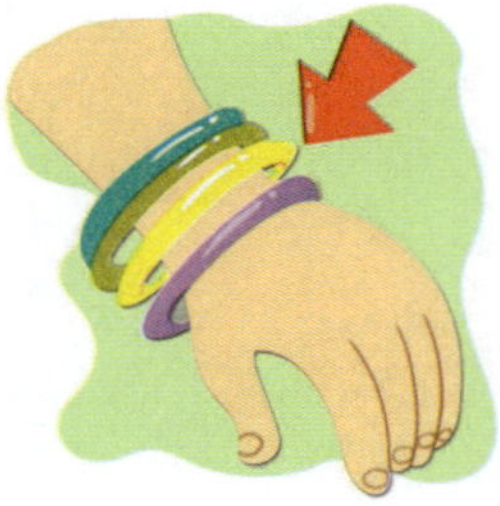

p..........seira

pinc..........

s..........sicha

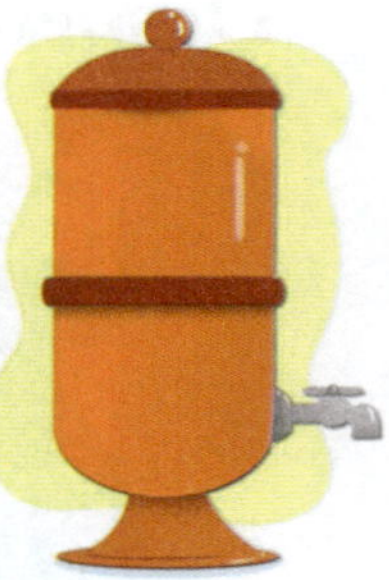

f..........tro

p..........vo

- Agora, escolha duas das palavras que você completou e forme frases com elas.

....

....

....

....

4 Compare as palavras e leia-as em voz alta.

quint**al** ⟶ ming**au**

past**el** ⟶ v**éu**

s**ol**dado ⟶ aç**ou**gue

- Marque um **X** na opção correta.

  As letras **l** e **u** em final de sílaba têm som:

  ◯ semelhante. ◯ diferente.

De olho no dicionário

- Podemos conferir se uma palavra é escrita com **l** ou com **u** procurando-a no dicionário. Escreva nos espaços indicados no texto as palavras que o professor vai ditar. Depois, faça você mesmo a correção consultando um dicionário.

O pequeno livro

[...] Quero ser um livro ....

Talvez um livro com interruptores ou controle remoto.

Um livro que produza sons e movimentos numa tela.

Não seria divertido? Todos iam me querer e também iam cuidar bem de mim.

Mas quando disse isso para minha mãe ela ficou ....

— Isso mais parece televisão! Vá visitar seus irmãos e irmãs mais velhos – ela disse. — Veja o que eles dizem!

Então .... visitar meus irmãos e irmãs, para aprender com eles.

Hoje eles todos são guias interessantes de diversas coisas e vivem na estante de livros de um menino que adora livros. [...]

O pequeno livro, de Kanayo Sugiyama. Tradução de Monica Stahel. São Paulo: WMF Martins Fontes, 2013.

Capítulo 2 Adjetivo

Leia a história e observe as palavras destacadas.

Era uma vez uma menina que tinha dois animais de estimação. Um cachorro **preto** e um gato **branco**. O nome do cachorro era Branco e o nome do gato era Preto!

Era muito engraçado quando a menina chamava Branco e aparecia o cachorro **preto** latindo e abanando o rabinho. E quando chamava Preto, o gato **branco** surgia, miando, correndo ao encontro da menina, deixando todos com cara de interrogação.

Veja como são os animais da história.

O cachorro é **preto**.

O gato é **branco**.

A palavra **preto** acompanha o substantivo **cachorro**, indicando uma característica desse animal.

A palavra **branco** acompanha o substantivo **gato**, indicando uma característica dele.

As palavras **preto** e **branco** são **adjetivos**.

As palavras que indicam qualidades ou características dos substantivos são chamadas de **adjetivos**.

Atividades

1 Escolha o adjetivo do quadro que pode caracterizar cada substantivo e escreva-o.

engraçado	alta	vermelha
gostoso	veloz	cheia

metrô ....

melancia ....

classe ....

palhaço ....

sorvete ....

girafa ....

Fique por dentro!
Cores também são adjetivos.

2 Que adjetivos da segunda coluna caracterizam os substantivos da primeira coluna? Faça a relação numerando os adjetivos.

(1) biscoito	( ) madura
(2) anel	( ) apertada
(3) roupa	( ) gostoso
(4) banana	( ) valioso

3 Leia parte da história **Os três lobinhos e o porco mau**.

Era uma vez três lobinhos de pelos macios e rabos peludos que viviam com sua mãe. O primeiro era preto, o segundo era cinza e o terceiro, branco.

Um dia, a mãe chamou os três lobinhos à sua volta e disse:

— Meus filhos, é hora de vocês saírem pelo mundo.

Vão construir uma casa para vocês. Mas cuidado com o porco mau,

— Não se preocupe, mamãe, nós ficaremos de olho nele – disseram os três lobinhos. E lá foram eles.

Os três lobinhos e o porco mau, de Eugene Trivizas. Tradução de Gilda de Aquino. São Paulo: Brinque-Book, 2003.

- Escreva os adjetivos utilizados no texto para os seguintes substantivos.

pelos: .... rabos: ....

lobinho 1: .... lobinho 2: ....

lobinho 3: ....

4 Escreva uma frase usando um adjetivo para cada animal. **Dica**: você também pode utilizar cores.

5 Observe esta obra de arte do pintor francês Pierre-Auguste Renoir.

Akg-Images/Latinstock

Crianças à beira-mar em Guernsey, de Pierre-Auguste Renoir, 1883.

- Agora, marque um **X** nas características (adjetivos) que você daria para essa pintura.

( ) colorida ( ) esquisita ( ) alegre

( ) bonita ( ) triste ( ) antiga

No dia a dia

1 É muito comum usarmos adjetivos no dia a dia. Observe as imagens e complete as frases com um adjetivo que você usaria em cada situação.

Ikonoklast Fotografie/Shutterstock

Africa Studio/Shutterstock

pzAxe/Shutterstock

UKRID/Shutterstock

KPG Payless2/Shutterstock

Svetlana Braun/iStockphoto/Getty Images

2 Agora, desenhe um brinquedo e uma roupa que você tenha e escreva frases usando adjetivos.

De olho no dicionário

1 No dicionário também é possível saber se a palavra é um adjetivo. Leia estes verbetes e a palavra que aparece ao lado deles.

alegre *adj. 2g.* a-le-gre [é]. **1.** Que tem alegria, contente. *Essas meninas são muito alegres.* ▲ **antônimo:** triste. **2.** Que transmite alegria. *A festa estava alegre.* ▲ **antônimo:** triste. ◆ **masc. e fem.:** alegre.

alegria *s. fem.* a-le-gri-a. Emoção agradável e profunda de prazer e contentamento. *No carnaval a alegria toma conta dos turistas.* ▲ **sinônimo:** contentamento, satisfação. ▲ **antônimo:** tristeza.

Dicionário ilustrado de Português,
de Maria Tereza Camargo Biderman. São Paulo: Ática, 1998.

a) Qual é o adjetivo?

b) Qual é o substantivo?

2 Abra o **Minidicionário** na letra N e procure um **adjetivo**. Depois, escolha um **substantivo** da mesma letra e forme uma única frase.

3 Verifique no **Minidicionário** as informações a seguir.

a) Qual é o adjetivo da letra L cujo sinônimo é **fiel**?

b) Qual é o adjetivo da letra C cujo antônimo é **vazio**?

Ortografia

ar, er, ir, or, ur

1 Releia este trecho da história **Os três lobinhos e o porco mau** e circule as palavras que têm **ar**, **er**, **ir**, **or**.

"Vão construir uma casa para vocês. Mas cuidado com o porco mau."

2 Distribua os nomes do quadro na linha adequada.

Marcela	Igor
Irma	Eduardo
Heitor	Nadir
Artur	Norma

ar e **ur**: ....

ar: ....

or: ....

ir: ....

3 Complete os nomes dos animais com sílabas que têm **ar**, **er**, **or**, **ur**. Depois, copie-os.

Stayer/Shutterstock/Imageplus

	so

....

Reinhold Leitner/Shutterstock/Imageplus

	vo

....

ODM Studio/Shutterstock/Imageplus

	ta	ru	ga

....

MG Photos/Shutterstock/Imageplus

	ce	go

....

4 Acrescente **r** após a vogal destacada e forme outras palavras.

a) m**a**ca: ....

b) p**e**na: ....

c) p**e**de: ....

d) l**a**go: ....

e) b**a**ba: ....

f) pint**a**: ....

g) c**a**ta: ....

h) cant**o**: ....

5 Circule no diagrama as palavras que completam as informações abaixo. Depois, escreva-as.

D	H	I	D	O	U	I	Z	U	O	D	M	A	H	X	M	K	Q	U	A	R
C	E	L	U	L	A	R	U	C	H	P	O	R	U	I	G	E	F	T	U	W
A	C	E	Ç	H	E	C	K	Q	U	A	T	S	J	A	E	F	B	R	Y	U
R	E	P	U	L	B	R	P	J	A	E	S	T	R	X	M	K	Q	U	A	T
T	E	N	F	B	R	Y	U	C	H	I	D	O	U	I	Z	U	S	T	U	W
A	C	E	Ç	H	E	C	F	O	R	M	I	G	A	D	I	V	E	R	D	E
V	H	M	B	L	R	O	T	F	X	Ç	O	E	B	D	O	B	W	A	K	V
I	E	R	I	N	V	E	R	N	O	H	R	C	E	F	B	I	K	U	T	O
H	E	C	K	Q	U	A	T	S	J	A	I	H	V	E	R	D	E	U	W	S
S	G	H	B	N	V	L	R	O	T	F	X	Ç	O	P	U	L	E	F	J	Q
D	O	J	O	R	N	A	L	U	W	R	D	E	B	M	A	R	Ç	O	K	I
E	N	F	J	O	Y	U	M	Ç	O	E	B	D	O	E	S	T	R	X	M	U

a) O telefone ...., a .... e o .... são meios de comunicação.

b) Para respirar, os seres vivos precisam de ....

c) A .... é um inseto.

d) O .... é a estação mais fria do ano.

e) .... é o terceiro mês do ano.

f) .... é o nome de uma cor.

6 Leia o texto. Depois, circule as palavras que têm **ar**, **er**, **or**.

Certo dia, o gato cinzento, passeando à toa pela casa, viu bem no meio da sala um novelo de lã vermelha.

— Que sorte que eu tenho! – pensou o gato. — Eu sempre quis ter um casaco vermelho para combinar com o meu pelo cinza.

E, enquanto pensava na sorte que tinha, o gato foi puxando a ponta do fio do novelo de lã.

Mas logo ele se deu conta de que não sabia tricotar e menos ainda fazer casacos de lã.

[...]

O gato e o novelo de lã, de Liliana e Michele Iacocca. São Paulo: Ática, 2015.

- Localize no texto e escreva:

  a) a cor da lã: ....

  b) o que o gato pensava que tinha: ....

  c) o que o gato não sabia: ....

7 Compare estes dois novelos de lã.

a) Qual é a cor do novelo menor?

....

b) Qual é a cor do novelo maior?

....

Capítulo 3

Sinônimo

Leia o poema.

RECEITA
de se olhar no espelho

para a Júlia

se olhe de frente
de lado
de costas
de cabeça para baixo
pinte o espelho
de azul dourado vermelho
faça caretas ria sorria
feche os olhos abra os olhos
e se veja sempre surpresa

quem é você?

Receitas de olhar, de Roseana Murray.
São Paulo: FTD, 1997.

As palavras **ria** e **sorria** têm significados semelhantes.

Palavras com significados semelhantes são chamadas de **sinônimos**.

Atividades

1 Ligue as palavras que têm sentidos semelhantes.

lento	idoso
malvado	valente
velho	vagaroso
corajoso	atarefado
ocupado	mau

2 As palavras do quadro abaixo são sinônimas das palavras destacadas a seguir. Copie-as no local correto, relacionando-as.

correta   saborosa   ligeiro   educada   grande   calma

	Sinônimo
menino **rápido**	
criança **amável**	
atividade **certa**	
pessoa **tranquila**	
comida **deliciosa**	
animal **enorme**	

3 Em cada quadro, encontre a palavra que não é sinônima da primeira e circule-a.

finalizar	começar	terminar	concluir

eliminar	excluir	incluir	tirar

vencer	ganhar	conseguir	perder

4 Marque um **X** no sinônimo das palavras destacadas.

a) **Suave** é sinônimo de:

( ) esquisito. ( ) macio. ( ) bonito.

b) **Muito** é sinônimo de:

( ) bastante. ( ) tudo. ( ) nada.

c) **Longe** é sinônimo de:

( ) próximo. ( ) quase. ( ) distante.

d) **Doido** é sinônimo de:

( ) mentiroso. ( ) dorminhoco. ( ) louco.

e) **Morar** é sinônimo de:

( ) habitar. ( ) mudar. ( ) sair.

f) **Menino** é sinônimo de:

( ) adulto. ( ) garoto. ( ) homem.

5 Observe as falas nos balões. Depois, complete as frases com um sinônimo para cada palavra destacada.

Meu cabelo é ....

Que flor ....!

As crianças estão ....

Aqui nós vendemos ....

Moro naquele ....

O sapo deu um ....!

Ortografia

lh

1 Leia esta informação e circule a palavra com **lh**.

Animais sonham?

michael sheehan/Shutterstock

Cientistas comprovaram que todos os mamíferos sonham. Durante o sono profundo, é possível observar os olhos deles se mexendo rapidamente sob as pálpebras. O que não sabemos ainda é o que estão sonhando. Será que um leão sonha com uma nova leoa como namorada ou com uma apetitosa zebra para o jantar? Só os animais sabem!

Recreio, n. 823, ano 15, 17 dez. 2015.

- Agora, copie a palavra que você circulou. ....

2 Troque o **l** por **lh** e forme outras palavras.

galo ⟶	tela ⟶ ....
bola ⟶	mala ⟶ ....
rola ⟶	vela ⟶ ....

- Agora, escreva o nome das figuras com algumas das palavras que você formou.

....

3 Complete as palavras do poema com **lh**.

Minha cama

Um hipopótamo na banheira
mo........a sempre a casa inteira.

A água cai e se espa........a,
mo........a o chão e a toa........a.

E o hipopótamo: nem ligo,
estou lavando o umbigo.

Lava, lava, nunca sossega,
esfrega, esfrega e esfrega

a ore........a, o peito, o nariz
E as costas das mãos, e diz:

Agora vou dormir na lama
pois é lá a minha cama!

Sérgio Capparelli. Em: **Poesia fora da estante**, de Vera Aguiar (Coord.), Simone Assumpção e Sissa Jacoby. Porto Alegre: Projeto; CPL/PUCRS, 2000.

4 Circule no diagrama palavras com **lh**. Depois, complete as frases com elas.

M	A	B	E	L	H	A	T	A	P	I	R	A	L	X	M	K	Q	U	I	R
I	T	G	P	A	T	W	Z	R	D	S	W	O	U	I	Z	U	S	T	U	W
J	C	H	I	J	U	L	H	O	I	R	0	G	A	A	I	V	G	R	U	L
X	D	I	A	G	A	S	A	L	H	O	V	E	B	D	O	B	W	A	K	V
O	U	T	W	O	R	S	X	T	A	S	R	C	U	I	Z	U	S	T	U	W
C	P	X	P	U	N	J	O	L	H	O	E	O	R	E	L	H	A	J	G	P
T	A	L	U	M	K	Q	U	I	R	A	I	V	G	R	B	O	A	K	V	J

a) O .... e a .... são órgãos do corpo humano.

b) .... é o sétimo mês do ano.

c) No frio usamos ....

d) A .... produz mel.

5 Veja o exemplo e faça o mesmo para completar os espaços de acordo com as palavras destacadas.

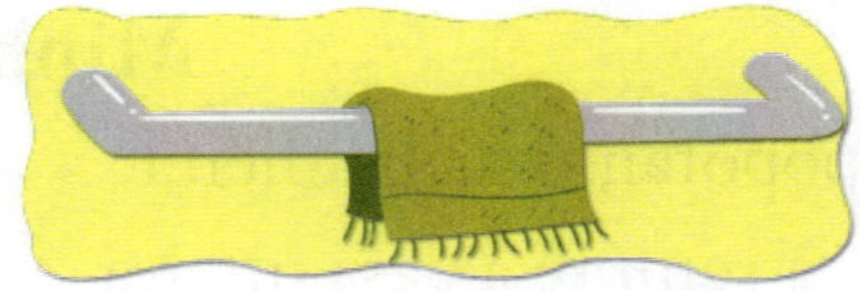

Vela pequena é velinha, **toalha** pequena é toalhinha.

a) **Bola** pequena é ...., **ovelha** pequena é ....

b) **Cola** pequena é ...., **filha** pequena é ....

c) **Bala** pequena é ...., **malha** pequena é ....

6 O que é, o que é? Descubra e complete as palavras com as sílabas do quadro.

lha	lhe	lhi	lho	lhu

a) Nome de uma parte da planta.

fo..........

b) Nome de um cereal amarelo usado na alimentação.

mi..........

c) O mesmo que medalha pequena.

meda..........nha

d) Aquele que tem orelhas grandes.

ore..........do

e) Mensagem simples e curta.

bi..........te

7 Escreva as sílabas que faltam para completar as palavras. Depois copie as palavras que você formou.

ba	ra	

....

co	e		nho

....

co	

....

ra	ma		te

....

i	

....

Fique por dentro!

Na divisão de sílabas, o grupo **lh** não se separa.

8 Junte-se a um colega, combinem as sílabas abaixo e formem palavras com **lh**.

es jo o ve pe

lho mu co mi lha

bo lher pa e lhão

ra tra re be a

....

....

....

....

Capítulo 4
Antônimo

Leia o texto e observe as palavras destacadas.

O outro lado do lado

A história!
Tem um lado que é o **começo**
e o outro lado que é o **fim.**

O ovo!
Tem um lado que é o de **fora**
e o outro lado que é o de **dentro.**

O caminho!
Tem um lado que é a **ida**
e o outro lado que é a **volta.**

O quadro!
Tem um lado que é a **frente**
e o outro lado que é o **verso.**

O outro lado do lado, de Bebete Alvim. São Paulo: Scipione, 2007.

Começo é o contrário de **fim**.

Fora é o contrário de **dentro**.

Ida é o contrário de **volta**.

Frente é o contrário de **verso**.

Palavras com sentido contrário são chamadas de **antônimos**.

Atividades

1 Leia a adivinha e circule as palavras antônimas.

O que nasce grande
e morre pequeno?

O lápis.

As 200 melhores adivinhas para crianças, de Paulo Tadeu. São Paulo: Matrix, 2008.

2 Copie do quadro abaixo o antônimo das palavras destacadas nas frases para completá-las.

amor   quente   sim   difícil   leve   salgada

a) O inverno é **frio**, o verão é ....

b) Eu gosto de pipoca **doce**, mas minha amiga prefere a ....

c) O elefante é **pesado** e o passarinho é ....

d) Achei **fácil** a atividade de Língua Portuguesa e .... a de Matemática.

e) No mundo **não** deveria haver **ódio**, mas ....

o ....

3 Circule duas palavras do poema que sejam antônimas.

A paz é o oposto da guerra,
é o sol, são as madrugadas,
e todas as crianças da Terra
de mãos dadas, de mãos dadas,
de mãos dadas.

Todas as crianças da Terra, de Sidónio Muralha. São Paulo: Global, 2004.

4 **Jogo dos sete erros**. Procure sete diferenças entre as cenas a seguir. Marque-as com um **X**.

5 Circule no diagrama os antônimos das palavras destacadas no quadro. Depois, escreva-os na coluna indicada.

M	B	C	Z	L	J	G	D	J	A	L	E	G	R	E	M	K	Q	U	I	R
E	P	E	Q	U	E	N	I	N	O	R	W	S	D	U	Z	U	S	T	U	W
L	K	E	V	Z	R	E	W	Q	P	E	Z	W	B	D	I	V	G	R	U	L
X	W	U	K	H	O	T	C	L	T	B	U	R	S	S	O	R	U	I	M	V
Z	L	E	N	T	O	T	A	L	E	T	R	A	E	F	Z	U	S	T	U	W
E	D	Q	V	B	T	I	N	E	R	V	O	S	A	W	L	H	A	S	G	P
V	G	E	R	R	A	D	A	I	C	A	O	R	G	Y	B	O	A	K	V	J

	Antônimo
menino **rápido**	....
criança **triste**	....
atividade **certa**	....
pessoa **tranquila**	....
comida **deliciosa**	....
animal **enorme**	....

6 O que há de diferente nas figuras? Compare-as e escreva as palavras que as diferenciam para completar as frases.

a) A mochila 1 é .... e está ....

b) A mochila 2 é .... e está ....

Ortografia

ch

1 Leia o texto em voz alta. Depois, circule as palavras com **ch**.

Chuva chove sem parar
e lava este lugar.

A chuva já parou
e o lugar ainda não secou!

Quem vai enxugar o meu lugar?
Eu preciso me sentar!

Os autores.

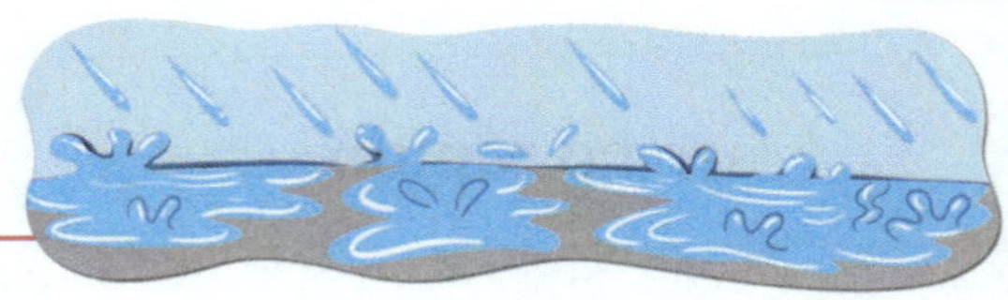

Fique por dentro!
Em algumas palavras, a letra **x** tem som de **ch**.

a) Copie do texto a palavra escrita com **x** que tem som de **ch**.

....

b) Escreva uma frase com ela.

....

2 Acrescente a letra **h** e forme outras palavras. Veja o exemplo.

caco → cacho

lance → ....

capa → ....

cão → ....

camada → ....

coque → ....

3 Pinte da mesma cor as figuras iguais. Depois, ordene as sílabas e descubra palavras que completam as frases.

che	péu	va	chei	chu	cha	gou
mo	che	chi	fe	ri	la	nho

a) Comprei um .... para me proteger da ....

b) O .... dos funcionários .... atrasado.

c) Que .... bom de churrasco!

d) Minha .... está tão pesada!

4 Escreva uma frase com cada dupla de palavras abaixo.

a) cachoeira – chuva

....

....

b) boliche – machucou

....

....

5 Junte-se a um colega e continuem escrevendo palavras que tenham sílabas com as letras abaixo.

cha: machado, ...

che: chefia, ...

chi: chinelo, ...

cho: cachorro, ...

chu: chuchu, ...

Capítulo 5

Verbo

Observe a capa desta revista. O que os personagens estão fazendo?

Almanaque da Magali, de Mauricio de Sousa. São Paulo: Panini Comics, n. 18, dez. 2009.

Algumas crianças vendem comida ou bebida, uma criança brinca de bola na areia, outra toma sorvete.

As palavras **vendem**, **brinca** e **toma** indicam ações.

A palavra que indica uma ação é chamada de **verbo**.

Atividades

1 Leia esta letra de canção e circule as palavras que indicam ação.

É bom cantar

É bom cantar
É bom ouvir
É bom pensar
É bom sentir
Olhar as coisas ao redor
Pra crescer muito melhor
Viajar dentro de si
Pra poder se descobrir

É bom cantar. **A caixa de música de Bia** (CD), de Bia Bedran. Rob Digital, 1995.

2 Escreva os verbos do quadro nos espaços corretos para completar as frases.

esvaziou	fugiu	toma
jogo	plantamos	

a) O bebê .... leite várias vezes por dia.

b) O cachorro .... do gato!

c) Eu .... o lixo reciclável na lixeira.

d) Quem .... a lata de doces?

e) Nós .... uma roseira no jardim.

3 Que ações estão sendo praticadas? Observe as figuras e escreva. Veja o exemplo.

pintar cantar varrer pentear nadar dormir

varrer

....

....

....

....

....

4 Marque um **X** na frase em que a palavra **jantar** indica uma ação.

( ) O jantar está pronto. ( ) Vamos jantar?

5 O que as crianças estão fazendo? Observe as figuras e copie as frases correspondentes. Depois, circule os verbos.

O menino tropeçou e caiu.
As meninas pularam amarelinha.
Os dois irmãos leram um livro.
O time treina no campo.

....

....

....

....

Ortografia

Consoante seguida de r, l

1 Leia a adivinha e observe as letras destacadas.

Uma i**gr**ejinha **br**anca
sem porta nem **tr**anca...
Moram duas pessoas den**tr**o
uma amarela,
ou**tr**a **br**anca...

Adivinha popular.

- Complete:

  Nas palavras destacadas, as consoantes **g**, **b** e **t** são seguidas de ....

2 Leia as palavras do quadro. Depois, distribua-as corretamente nas colunas.

trote	gravata	cravo	prova
abraço	dragão	agredir	madrugada
cabrito	primeiro	triângulo	criatura

br	cr	dr	gr	pr	tr
....	....	....	....	....	....
....	....	....	....	....	....

3 Forme outras palavras acrescentando a letra **r** depois da consoante inicial. Veja o exemplo.

peso ⟶ preso

a) **p**ata ⟶ ....

b) **f**eio ⟶ ....

c) **t**oco ⟶ ....

4 Leia os balões de fala.

- Copie as palavras destacadas nas colunas, de acordo com o grupo de consoantes.

bl	cl	fl	gl
....	....	....	....

5 Reescreva a frase substituindo as figuras por seus nomes.

A  tirou um  e um  de dentro de seu caldeirão.

....

....

Capítulo 6

Presente, passado, futuro

Leia as frases e observe os verbos destacados.

Tadeu **pintou** um quadro ontem.

Joana **pinta** um quadro hoje.

Carlos **pintará** um quadro amanhã.

Observe.

Verbo	Quando	Tempo	
pintou →	ontem →	passado →	A ação já aconteceu.
pinta →	hoje →	presente →	A ação está acontecendo ou acontece sempre.
pintará →	amanhã →	futuro →	A ação vai acontecer.

Usamos verbo para indicar uma ação. A ação pode ocorrer em três tempos: no **presente**, no **passado** ou no **futuro**.

Fique por dentro!

A terminação dos verbos muda para indicar presente, passado ou futuro.

Atividades

1 Leia parte da história **A zabumba do quati**.

No galho daquele ipê-roxo **mora** um velho amigo de Mico Maneco.

É o Quico, um caxinguelê – bicho que muita gente **chama** de serelepe. Um tipo de esquilo desta mata, pequenino e de rabo peludo, meio vermelho.

Quico **corre** e **pula**, **sobe** e **desce** tão ligeirinho que às vezes nem **dá** para ver direito.

A zabumba do quati, de Ana Maria Machado e Claudius. São Paulo: Salamandra, 2014.

a) Em que tempo estão os verbos destacados no texto?

( ) passado ( ) presente ( ) futuro

b) Reescreva a seguinte frase passando os verbos para o futuro.

Quico corre e pula.

....

....

c) Agora reescreva o seguinte trecho passando os verbos para o passado.

No galho daquele ipê-roxo **mora um velho amigo de Mico Maneco.**

....

....

....

2 Leia um trecho de uma história e circule os verbos que estão no presente.

Bia não para quieta nunca. Tem 7 anos de alegria, correria e agitação. Quando vai ao bebedouro, sempre espirra a água na camiseta. Depois, acha graça, sai tropeçando no cadarço do tênis.

Maia adora ficar calada. Prefere sombra ao sol. Detesta se sujar. Usa perfume, usa espelho, fivelas pelos cabelos.

[...]

A dona da bola e a dona da história, de Heloisa Prieto. São Paulo: Ática, 2009.

- Agora, escreva esses verbos em ordem alfabética.

1 .... 6 ....

2 .... 7 ....

3 .... 8 ....

4 .... 9 ....

5 .... 10 ....

3 Complete as frases com os verbos do quadro. Depois, escreva se eles estão no presente, no passado ou no futuro.

andarei	enviou	chegarão	toma	usa

a) Marcos .... o computador diariamente. → ....

b) Amanhã eu .... de bicicleta no parque. → ....

c) Rodrigo .... a carta pelo correio ontem. → ....

d) Simone acorda cedo e já .... banho. → ....

e) Meus tios .... de viagem só à noite. → ....

4 Reescreva as frases no futuro conforme o exemplo.

Fique por dentro!

Para indicar o futuro, podemos usar dois verbos. Assim: brincarei ⟶ vou brincar.

a) Mariana arrumará seu quarto.

Mariana vai arrumar seu quarto.

b) Giovana lerá um livro.

....

c) Rafael viajará com a família.

....

5 Circule no diagrama verbos no passado, no presente e no futuro.

V	P	L	A	N	T	O	D	M	K	C	O	R	R	E	R	Á	Q	U	I	R
N	A	D	A	R	E	I	T	I	W	O	B	L	A	W	T	O	M	I	A	W
C	K	L	C	H	R	E	S	P	O	N	D	E	A	M	I	A	G	R	U	L
I	P	U	L	E	I	A	Z	E	S	C	O	R	R	E	U	W	W	A	K	V
H	E	X	P	L	O	D	I	R	Ã	O	O	S	V	O	O	U	S	T	U	W

- Agora, distribua-os na coluna adequada.

Passado	Presente	Futuro

Fique por dentro!

A terminação dos verbos muda de acordo com o tempo em que eles estão.

Ortografia

x com som de z; x com som de cs

1 Leia as palavras em voz alta e pinte as sílabas que têm a letra **x**.

Fique por dentro!
A letra **x** pode representar sons diferentes.

exagerado	exigência	pirex
axila	exibição	examinar
conexão	fluxo	exaltação

- Agora, copie-as na coluna correspondente ao som do **x**.

x com som de z	x com som de cs
.....	.....
.....	.....
.....	.....
.....	.....
.....	.....

2 Complete as frases com as palavras do quadro.

saxofone	exame	exercícios	táxi

a) Carla fez ..... de sangue no laboratório.

b) Alex toca .... na banda da escola.

c) O carro enguiçou e precisamos chamar um ....

d) Acertei todos os .... de Matemática.

3 Leia as palavras das caixas. Depois, pinte os quadrinhos de acordo com as cores indicadas pelo código.

 **x** com som de **cs**

 **x** com som de **z**

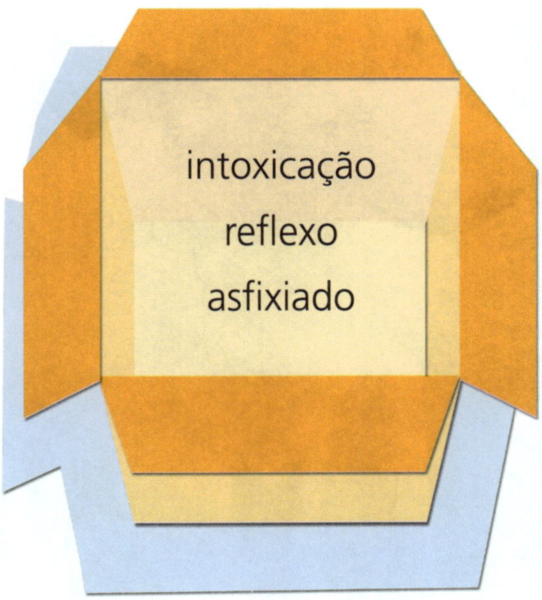

☐

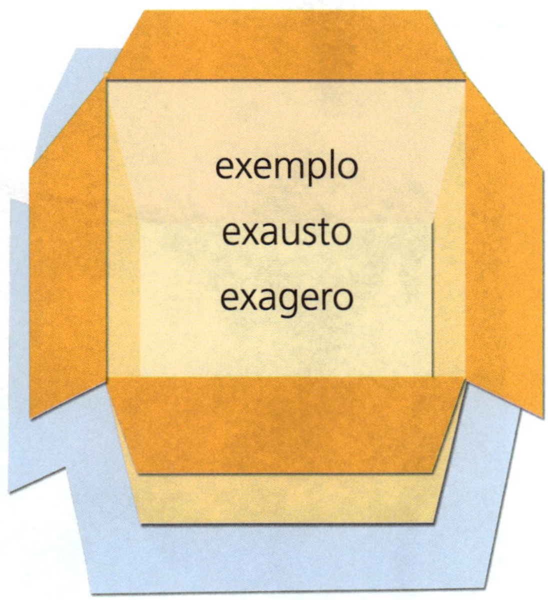

☐

4 Circule as palavras intrusas dos grupos.

oxigênio	exigente
intoxicar	fixo
exuberante	executar
flexível	exatamente

Ideias em ação

Observe a figura a seguir.

suemack/iStockphoto/Getty Images

1. Escreva no plural o substantivo com **ch** que nomeia os animais da cena.

2. Que ação os cachorros estão praticando?

3. Escreva uma frase com cada ação que você escreveu acima usando os tempos a seguir.

Presente

Passado

Futuro

4. Que adjetivo caracteriza o substantivo **corda**, objeto com o qual os cachorros brincam?

5. Circule na lista abaixo palavras que tenham a mesma sílaba inicial do adjetivo que você escreveu acima.

armadura	lerdo	verdade
verdura	árvore	herdeiro

Livros

Reprodução/Editora Companhia das Letrinhas

Agora eu era, de Arthur Nestrovski, Companhia das Letrinhas.

Você já brincou de "Agora eu era"? Não? Então você precisa ler este livro! Só assim você vai descobrir como é gostoso brincar de ser explorador, uma arqueóloga, uma atriz ou o que você quiser!

Reprodução/Editora Ática

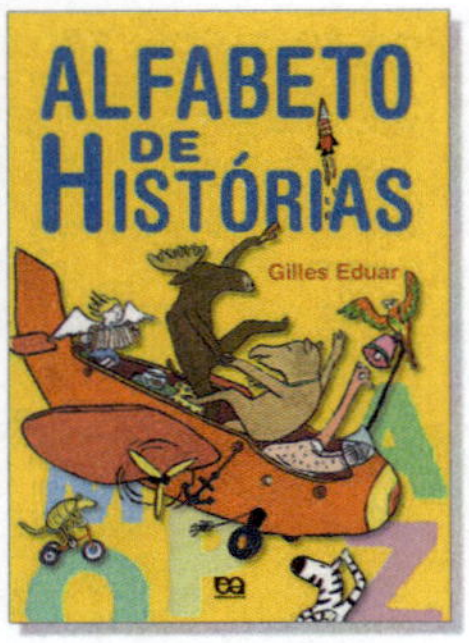

Alfabeto de histórias, de Gilles Eduar, Ática.

Neste livro, para cada letra do alfabeto surge um cenário com situações curiosas e engraçadas. Além disso, há figuras bem grandes e coloridas, que deixam o aprendizado ainda mais divertido.

Reprodução/Editora Scipione

As trigêmeas, três gotas de água, de Roser Capdevila, Scipione.

As trigêmeas são transformadas pela Bruxa Onilda em três gotinhas de água e levadas como uma tempestade para Terra Seca. Lá, elas terão de criar um plano para conseguir que a distribuição de água seja igualitária e que seu uso aconteça de forma consciente. Será que elas conseguirão criar esse plano?

Reprodução/Editora Moderna

Davi ataca outra vez, de Ruth Rocha, Salamandra.

Quando foi morar na Rua do Sol, Davi não sabia ler, embora adorasse escrever. Sua mania era rabiscar as paredes. Uma vez, Davi ajudou seus amigos em um grande movimento para salvar o parque onde brincam. Ele conseguiu isso escrevendo no muro mensagens que só seus amigos entendiam. Como será que ele fez isso?

Reprodução/Editora Ática

Minha ilha maravilha, de Marina Colasanti, Ática.

Este livro traz poemas com os mais variados temas. A poeta reuniu nessa "ilha" pequenas cenas do cotidiano, observações, visões e sensações. Tudo com um toque de fantasia.

O caçador de palavras, de Lalau e Laurabeatriz, Scipione.

Já pensou se as palavras fugissem de você? E se as palavras se transformassem no que elas quisessem? Este livro conta a história de um menino que, já no café da manhã, passou grandes apuros com as palavras, tentando capturá-las.

O Contrário, de Tom MacRae e Elena Odriozola, Companhia das Letrinhas.

Imagine que confusão seria se tudo o que você dissesse ou fizesse acontecesse ao contrário! Foi exatamente isso que aconteceu com Matheus: o Contrário não deixava o menino em paz. Como será que ele vai resolver essa situação?

O Gato de Botas, de Charles Perrault, Scipione.

O filho caçula de um moleiro recebe como herança do pai um gato. Ele fica insatisfeito, mas acaba descobrindo que um amigo leal e astuto é o bem mais precioso que se pode obter.

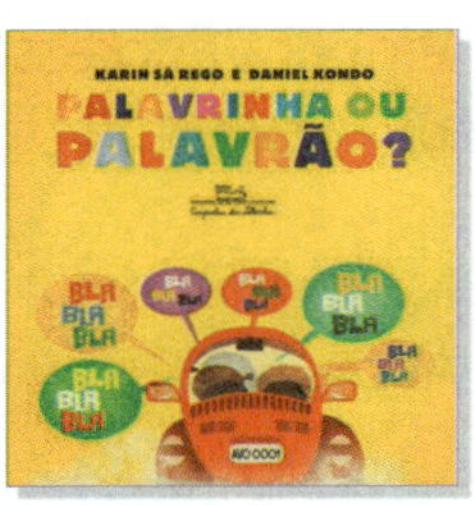

Palavrinha ou palavrão?, de Karin Sá Rego e Daniel Kondo, Companhia das Letrinhas.

Já começamos o dia rodeados de diversos sons: a campainha do despertador, os latidos do cachorro, a água caindo do chuveiro... Todos eles podem ser representados por onomatopeias. Mas o que será isso? Acompanhe um dia da vida de Nina e descubra!

Sinto medo, de Brian Moses, Scipione.

Todo mundo sente medo de alguma coisa. Este livro mostra como algumas crianças lidam com esse temor, suas ações e reações quando ficam com medo.

ADAMS, M. J. et al. *Consciência fonológica em crianças pequenas.* Porto Alegre: Artmed, 2006.

ANTUNES, I. *Gramática contextualizada:* limpando "o pó das ideias simples". São Paulo: Parábola Editorial, 2007.

_________. *Muito além da gramática:* por um ensino de línguas sem pedras no caminho. São Paulo: Parábola Editorial, 2007.

AZEREDO, J. C. de. *Gramática Houaiss da língua portuguesa.* São Paulo: Publifolha, 2014.

BAGNO, M. *Gramática pedagógica do português brasileiro.* São Paulo: Parábola Editorial, 2012.

BECHARA, E. *Moderna gramática portuguesa.* Rio de Janeiro: Nova Fronteira, 2009.

BELINTANE, C. *Oralidade e alfabetização:* uma nova abordagem da alfabetização e do letramento. São Paulo: Cortez, 2013.

CAGLIARI, L. C. *Alfabetização & linguística.* São Paulo: Scipione, 2009. (Pensamento e ação na sala de aula).

CAMARA JÚNIOR, J. M. *Dicionário de linguística e gramática:* referente à língua portuguesa. Petrópolis: Vozes, 2009.

_________. *Manual de expressão oral e escrita.* Petrópolis: Vozes, 2012.

CEGALLA, D. P. *Dicionário de dificuldades da língua portuguesa.* Rio de Janeiro: Lexikon, 2009.

CUNHA, C.; CINTRA, L. F. L. *Nova gramática do português contemporâneo.* Rio de Janeiro: Nova Fronteira, 2013.

INSTITUTO ANTÔNIO HOUAISS; AZEREDO, J. C. (Coord.). *Escrevendo pela nova ortografia:* como usar as regras do novo acordo ortográfico da língua portuguesa. São Paulo: Publifolha, 2013.

LUFT, C. P. *Novo Guia Ortográfico.* São Paulo: Globo, 2013.

MICOTTI, M. C. de O. (Org.). *Leitura e escrita:* como aprender com êxito por meio da pedagogia de projetos. São Paulo: Contexto, 2009.

MORAIS, A. G. *Sistema de escrita alfabética.* São Paulo: Melhoramentos, 2012. (Como eu ensino).

NÓBREGA, M. J. *Ortografia.* São Paulo: Melhoramentos, 2013. (Como eu ensino).

PERINI, M. A. *Para uma nova gramática do português.* São Paulo: Ática, 2007.

SAVIOLI, F. P.; FIORIN, J. L. *Para entender o texto:* leitura e redação. São Paulo: Ática, 2007.

TRAVAGLIA, L. C. *Na trilha da gramática:* conhecimento linguístico na alfabetização e letramento. São Paulo: Cortez, 2013.

ZABALA, A.; ARNAU, L. *Como aprender e ensinar competências.* Porto Alegre: Artmed, 2010.

Material de apoio

2º ANO

Minidicionário

Waldemar Ferreira Netto

Lyudmyla Kharlamova/Shutterstock

Aluno: ....

Escola: ....

editora scipione

Como usar este dicionário

Veja, a seguir, como organizamos este **Minidicionário** para você encontrar mais facilmente a palavra que procura.

- **Ordem alfabética**

Todas as palavras são apresentadas em ordem alfabética.

- **Palavras-base**

No alto de cada página, há duas palavras: a que está à esquerda é a primeira palavra daquela página. A da direita é a última.

- **Verbetes**

São as palavras explicadas neste **Minidicionário**, acompanhadas de algumas informações sobre elas: a divisão silábica, a categoria gramatical, sua definição e, em muitos casos, exemplos de uso. As palavras de origem estrangeira vêm acompanhadas de sua pronúncia. Os verbetes estão em vermelho para facilitar sua localização.

- **Divisão silábica**

Logo depois de cada palavra, é apresentada, entre parênteses, sua divisão em sílabas (com exceção das palavras de origem estrangeira).

- **Categoria gramatical**

A palavra é um substantivo? Um adjetivo? Um verbo? Um advérbio? Uma abreviatura? Essa informação você vai encontrar logo após a divisão silábica, em *itálico* e também entre parênteses.

- **Definição**

Depois da categoria gramatical, você encontrará a definição da palavra, isto é, a explicação do seu significado. Às vezes, uma palavra tem mais de um significado. Nesse caso, um número aparece antes de cada significado.

- **Exemplos de uso**

Na maioria dos casos, após a definição, você vai encontrar uma frase em *itálico* que mostra um exemplo de uso daquela palavra, destacada em **negrito**. Quando a palavra tem mais de um significado, pode haver mais de um exemplo de uso.

- **Ilustrações**

As ilustrações coloridas do **Minidicionário** ajudarão você a compreender o significado de algumas palavras.

A a

ABECEDÁRIO (A-BE-CE-DÁ-RIO) *(substantivo)*

Conjunto de letras usadas para escrever as palavras. *O* ***abecedário*** *também é chamado de abecê e alfabeto.*

ABOBRINHA (A-BO-BRI-NHA) *(substantivo)*

1. Tipo de abóbora, de cor esverdeada, com que se preparam pratos salgados. *Hoje almocei* ***abobrinha*** *recheada com carne.*
2. Bobagem, coisa sem interesse. *A amiga de Paula fala muita* ***abobrinha****.*

ABORRECER (A-BOR-RE-CER) *(verbo)*

Agir de modo que faça uma pessoa ficar irritada ou nervosa. Incomodar. ***Aborreceu*** *as crianças com brincadeiras sem graça.*

ÁCARO (Á-CA-RO) *(substantivo)*

Nome comum dado a vários tipos de animais muito pequenos que podem viver como parasitas do ser humano ou de outros animais. *Os* ***ácaros*** *podem causar vários tipos de doenças, como a sarna.*

AGASALHO (A-GA-SA-LHO) *(substantivo)*

1. Lugar para se hospedar. É o mesmo que alojamento.
2. Roupa que protege do frio, como blusas de lã, jaquetas, casacos, etc. *Filho, não se esqueça de levar seu* ***agasalho****!*

ALTO (AL-TO) *(adjetivo e substantivo)*

(adjetivo) 1. Que tem grande estatura. *Paulo é um rapaz* ***alto****.* 2. Que está erguido ou levantado. 3. (Som) forte ou agudo.

(substantivo) Ponto mais elevado, topo. *O alpinista chegou ao* ***alto*** *da montanha gelada.*

AMANHÃ (A-MA-NHÃ) *(advérbio e substantivo)*

(advérbio) O dia depois de hoje. ***Amanhã*** *não haverá aula.*

(substantivo) O futuro. *Precisamos economizar água para garantir nosso* ***amanhã****.*

ANALFABETO (A-NAL-FA-BE-TO) *(adjetivo e substantivo)*

Que ou aquele que não aprendeu a ler nem escrever.

(adjetivo) Ainda há muitas pessoas ***analfabetas*** *no mundo.*

(substantivo) O ***analfabeto*** *pediu ajuda ao funcionário do banco.*

AMESTRADO (A-MES-TRA-DO) *(adjetivo)*

Que foi treinado para ter certas habilidades. É o mesmo que adestrado, domesticado. *O cachorro foi* ***amestrado***.

ANEDOTA (A-NE-DO-TA) *(substantivo)*

História curta e divertida. *Ganhei um livro de* ***anedotas*** *muito engraçadas.*

AVALIAÇÃO (A-VA-LI-A-ÇÃO) *(substantivo)*

Ato de verificar o conhecimento sobre um assunto por meio de prova ou exame. *Amanhã teremos* ***avaliação*** *de Matemática.*

AZEDO (A-ZE-DO) *(adjetivo)*

1. Que tem sabor ácido, parecido com o do limão. *As frutas estão* ***azedas***.
2. Que está estragado.
3. Mal-humorado, irritado. *Sérgio está* ***azedo*** *hoje.*

B b

BAGAGEM (BA-GA-GEM) *(substantivo)*

Conjunto de objetos levados em malas, mochilas, pacotes, entre outros, em uma viagem.

BALSA (BAL-SA) *(substantivo)*

Embarcação grande e plana. É usada para fazer a travessia de passageiros e cargas em rios ou no mar.

BANDO (BAN-DO) *(substantivo)*

1. Grande grupo de pessoas ou animais.
2. Grupo de pessoas que se reúne para a defesa das mesmas ideias.

BEBEDOURO (BE-BE-DOU-RO) *(substantivo)*

Aparelho composto de uma ou mais torneiras, feito para servir água. Pode-se usar copos ou aproximar a boca do jato de água.

BENEFICENTE (BE-NE-FI-CEN-TE) *(adjetivo)*

Que faz o bem. Também pode significar que faz caridade. *Com o dinheiro do bazar* ***beneficente*** *compramos alimentos para os desabrigados.*

BIBLIOTECA (BI-BLI-O-TE-CA) *(substantivo)*

1. Coleção de livros.
2. Lugar onde há coleções de livros organizadas para consulta. *Naquela* ***biblioteca*** *podemos pegar livros emprestados.*

BIMESTRE (BI-MES-TRE) *(substantivo)*

Período de dois meses. *Nossa classe vai ao zoológico no segundo* ***bimestre*** *deste ano.*

BOSQUE (BOS-QUE) *(substantivo)*

Pequeno conjunto de árvores próximas umas das outras.

BRAILE (BRAI-LE) *(substantivo)*

Sistema de escrita com pontos em relevo, que é lido com a ponta dos dedos. É usado pelas pessoas que têm deficiência visual.

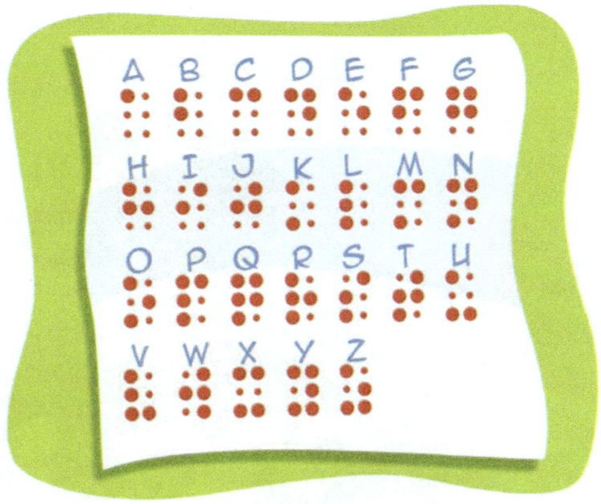

BRUÇOS (BRU-ÇOS) *(substantivo)*

Posição de quem se deita com a barriga para baixo. *O bebê gostava de dormir de* ***bruços****.*

BULA (BU-LA) *(substantivo)*

Texto que explica como um remédio deve ser usado e para quais doenças ele é indicado. Em geral, a bula vem dentro da embalagem do medicamento.

A B C D E F G H I J K L M N O P Q R S T U V W X Y Z

C c

CAMPO (CAM-PO) *(substantivo)*

1. Região onde existem árvores, rios, pastos, criação de animais, etc. Fica longe ou mais ou menos longe da cidade.
2. Lugar amplo, com ou sem grama, usado para a prática de esportes.

CAPRICHAR (CA-PRI-CHAR) *(verbo)*

Fazer alguma coisa com dedicação, com esforço.

CÁRIE (CÁ-RIE) *(substantivo)*

Furo nos dentes causado por micróbios que ficam na boca. *É preciso escovar bem os dentes para evitar as **cáries**.*

CASULO (CA-SU-LO) *(substantivo)*

Espécie de capa de fio de seda. Nela, algumas larvas ficam certo tempo para mais tarde se transformarem em insetos. *A mariposa, em seu desenvolvimento, vive em um **casulo**.*

CELEBRAR (CE-LE-BRAR) *(verbo)*

Fazer festa para lembrar algum acontecimento importante. O mesmo que comemorar.

CEREAL (CE-RE-AL) *(substantivo)*

Nome que se dá a diversas plantas que produzem grãos, como aveia, arroz, trigo. *Comer **cereais** faz bem à saúde.*

CHEIO (CHEI-O) *(adjetivo)*

1. Que está completo, em que não falta nada. *A garrafa de água está **cheia**.*
2. Que está chateado ou aborrecido com alguma coisa. *Ele está **cheio** das mentiras do primo.*

COLABORAR (CO-LA-BO-RAR) *(verbo)*

Dar ajuda, auxiliar em algo. O mesmo que cooperar. *Todas as crianças **colaboraram** na elaboração do trabalho.*

COMETA (CO-ME-TA) *(substantivo)*

Corpo celeste que geralmente apresenta uma cauda cheia de luz. *O **cometa** gira ao redor do Sol.*

D d

DANIFICAR (DA-NI-FI-CAR) *(verbo)*

Estragar alguma coisa. *A chuva **danificou** a plantação de laranjas.*

DECIFRAR (DE-CI-FRAR) *(verbo)*

Conseguir entender uma mensagem difícil ou um texto. *As crianças **decifraram** o mapa do tesouro.*

DECOLAR (DE-CO-LAR) *(verbo)*

Ação de levantar voo, de sair do chão. *Os aviões não **decolaram** por causa da chuva.*

DESÂNIMO (DE-SÂ-NI-MO) *(substantivo)*

Sensação de quem perdeu o ânimo ou a força para fazer algo. *O **desânimo** tomou conta dos jogadores após a derrota do time.*

DESAPARECER (DE-SA-PA-RE-CER) *(verbo)*

O mesmo que sumir ou deixar de ser visto.

DESEMBARAÇAR (DE-SEM-BA-RA-ÇAR) *(verbo)*

1. Tirar os nós de uma coisa, como se faz ao pentear os cabelos.
2. Deixar de ser tímido. *Laís conseguiu se **desembaraçar** no palco.*

DESEMPREGO (DE-SEM-PRE-GO) *(substantivo)*

Falta de emprego. *O **desemprego** é um problema em todo o mundo.*

DESTINATÁRIO (DES-TI-NA-TÁ-RIO) *(substantivo)*

Pessoa para quem se manda alguma coisa, como uma carta, por exemplo.

DIA A DIA (DI-A A DI-A) *(substantivo e advérbio)*

(substantivo) O que se faz todos os dias. O mesmo que cotidiano ou rotina. *O **dia a dia** dele é trabalhar muito.*

(advérbio) Com a passagem dos dias. *Os doentes melhoram **dia a dia**.*

DIALOGAR (DI-A-LO-GAR) *(verbo)*

Conversar com uma ou mais pessoas. *Os pais precisam **dialogar** mais com os filhos.*

DUBLAGEM (DU-BLA-GEM) *(substantivo)*

Troca da fala ou da música de um filme por outra, em língua diferente, para que seja compreendida. *Sem **dublagem**, as crianças não entendem os filmes falados em inglês.*

E e

ECOLOGIA (E-CO-LO-GI-A) *(substantivo)*

Ciência que estuda as relações dos seres vivos com seu ambiente natural.

ECOLÓGICO (E-CO-LÓ-GI-CO) *(adjetivo)*

Relacionado à ecologia, que respeita a ecologia.

ECOSSISTEMA (E-COS-SIS-TE-MA) *(substantivo)*

Sistema que inclui os seres vivos e o meio ambiente no qual vivem. *Ela estuda o **ecossistema** de uma reserva ambiental.*

EDUCAR (E-DU-CAR) *(verbo)*

1. Apresentar às pessoas condições para elas aprenderem, de maneira que possam desenvolver bem suas capacidades.
2. Também pode ser instruir, ensinar.

EGOÍSTA (E-GO-ÍS-TA) *(adjetivo e substantivo)*

Que ou aquele que só pensa em si mesmo, que não se preocupa com outras pessoas.

*(adjetivo) Ele é **egoísta**, não deixa ninguém brincar com a bola.*

*(substantivo) Os **egoístas** não se preocupam com o próximo.*

EMBARCAR (EM-BAR-CAR) *(verbo)*

Entrar em ônibus, metrô, trem, avião, etc. *Os passageiros devem **embarcar** na plataforma 11.*

ENJOO (EN-JO-O) *(substantivo)*

Sensação de mal-estar, como uma pressão no estômago, que vem antes da vontade de vomitar. É o mesmo que náusea.

EPIDEMIA (E-PI-DE-MI-A) *(substantivo)*

Doença contagiosa que faz muitas pessoas ficarem doentes ao mesmo tempo. Normalmente, a epidemia acontece em determinada região.

EQUILIBRAR (E-QUI-LI-BRAR) *(verbo)*

Colocar ou manter em posição estável ou fixa. *O jogador **equilibrou** a bola na cabeça.*

ESGOTO (ES-GO-TO) *(substantivo)*

Sistema de canais construído debaixo da terra. Nele são jogadas as águas sujas, como as de pias, banheiros, etc. As águas das chuvas também correm para o esgoto.

EXCELENTE (EX-CE-LEN-TE) *(adjetivo)*

Que é muito bom ou maravilhoso. *Este pudim está **excelente**!*

EXTINÇÃO (EX-TIN-ÇÃO) *(substantivo)*

Ato ou efeito de deixar de existir, acabar. O mesmo que desaparecimento. *A **extinção** dos animais é um desastre ecológico.*

F f

FÁBRICA (FÁ-BRI-CA) *(substantivo)*

Local onde vários produtos são feitos para depois serem vendidos no comércio. *Na rua onde moro, existe uma **fábrica** de móveis.*

FAISÃO (FAI-SÃO) *(substantivo)*

Ave com penas brilhantes e coloridas. O macho é maior e mais colorido que a fêmea e tem cauda de penas longas.

FALTA (FAL-TA) *(substantivo)*

1. Ato de deixar de ir às aulas, a compromissos, etc.
2. Ato de não obedecer a regras de um jogo ou esporte. *Ele fez uma **falta** ao bater em um jogador durante a partida.*

FAUNA (FAU-NA) *(substantivo)*

Grupo de animais que vivem em um mesmo ambiente em uma época. *Algumas espécies da **fauna** do Amazonas estão ameaçadas de extinção.*

FEBRE (FE-BRE) *(substantivo)*

Aumento da temperatura do corpo acima de 37 °C. *A **febre** pode ser sinal de algum problema de saúde.*

FILMOTECA (FIL-MO-TE-CA) *(substantivo)*

Coleção de filmes de cinema. Nela também podem ser guardadas cópias de documentos em um tipo de filme.

FLORA (FLO-RA) *(substantivo)*

Conjunto de plantas de um lugar ou uma região. *O pesquisador está estudando a **flora** da Mata Atlântica.*

FLORESTA (FLO-RES-TA) *(substantivo)*

Porção de terra onde existem diversos tipos de árvores grandes. É o mesmo que selva.

FOLCLORE (FOL-CLO-RE) *(substantivo)*

Conjunto de costumes, artes populares e crenças de um país ou região.

FRACO (FRA-CO) *(adjetivo e substantivo)*

(adjetivo) 1. Que não tem força. *O menino está **fraco** porque ficou doente por dias*. 2. Que não tem capacidade suficiente para fazer ou entender algo. *Ele é **fraco** em História*. *(substantivo)* Pessoa desprotegida, sem defesa. *Os **fracos** desistem com facilidade*.

FRUTO (FRU-TO) *(substantivo)*

1. Parte da planta que guarda a semente.
2. Resultado de alguma coisa. *O prêmio que ganhamos é **fruto** de nosso trabalho*.

G g

GAFANHOTO (GA-FA-NHO-TO) *(substantivo)*

Nome que se dá a vários insetos que pulam. *O **gafanhoto** tem asas compridas e antenas curtas e ataca as plantações*.

GALERIA (GA-LE-RI-A) *(substantivo)*

1. Local onde são mostrados objetos de arte.
2. Parte comprida de um edifício em que há diversas lojas. Em geral, serve de passagem de uma rua para outra.

GALINHA (GA-LI-NHA) *(substantivo)*

Ave criada em quintais, terrenos amplos ou granjas. *A **galinha** produz ovos, e sua carne serve para o consumo*.

GARRANCHO (GAR-RAN-CHO) *(substantivo)*

1. Galho retorcido ou torto.
2. Letra manuscrita difícil de entender.

GIBITECA (GI-BI-TE-CA) *(substantivo)*

1. Coleção de gibis de uma biblioteca.
2. Lugar onde os gibis ficam à disposição dos leitores.

GOLFINHO (GOL-FI-NHO) *(substantivo)*

Animal mamífero que vive no mar e salta por cima da água. Tem focinho comprido, em forma de bico.

GRÁTIS (GRÁ-TIS) *(adjetivo)*

Que não precisa de pagamento. É o mesmo que gratuito.

GRAVE (GRA-VE) *(adjetivo)*

1. Que é muito sério e preocupante. *O acidente foi **grave**.*
2. Que faz as coisas com muita concentração. *Ele trabalha muito e tem jeito **grave**.*

GULOSEIMA (GU-LO-SEI-MA) *(substantivo)*

Qualquer tipo de doce ou prato saboroso. *A gelatina é uma **guloseima** deliciosa.*

H h

HABITANTE (HA-BI-TAN-TE) *(substantivo)*

Que ou quem mora em um lugar. *O tubarão é um **habitante** do mar.*

HÁBITAT (HÁ-BI-TAT) *(substantivo)*

1. Lugar que oferece condições necessárias para que uma espécie ou um grupo nasça, cresça e viva.
2. Ambiente natural. *O leão foi levado de volta para seu **hábitat**.*

HÁLITO (HÁ-LI-TO) *(substantivo)*

1. Ar que sai pela boca quando respiramos. O mesmo que bafo.
2. Cheiro da boca. *O menino acordou com mau **hálito**.*

HANDEBOL (HAN-DE-BOL) *(substantivo)*

Esporte com bola, jogado com as mãos, que tem por objetivo fazer gols, como no futebol. Cada equipe tem sete jogadores.

HIDRATAR (HI-DRA-TAR) *(verbo)*

Tratar com água para evitar o ressecamento ou para devolver a umidade natural. *O cogumelo precisa ser **hidratado** antes de ir ao fogo.*

HOJE (HO-JE) *(advérbio)*

1. O dia em que se está. ***Hoje** temos aula de Português.*
2. Na época atual, no presente. ***Hoje** não se anda mais de carruagem.*

HOMEM (HO-MEM) *(substantivo)*

1. Pessoa adulta do sexo masculino. *Na família de Caio há muitos **homens**.*
2. Nome dado a qualquer ser humano. *O **homem** é um animal racional.*

HORA (HO-RA) *(substantivo)*

1. Cada uma das 24 partes do dia. *Acordo às 8 **horas**.*
2. Momento. *Agora não é **hora** de conversar!*

HUMANO (HU-MA-NO) *(adjetivo e substantivo)*

(adjetivo) 1. Que é do homem. *A anatomia estuda o corpo **humano**.*
2. Que é compreensivo e se preocupa com os outros. *Era uma pessoa muito **humana**, queria ajudar a todos.*

(substantivo) O ser humano, o homem. *Os **humanos** querem saber se há vida em outros planetas.*

HUMOR (HU-MOR) *(substantivo)*

1. Sentimento que pode ser de alegria ou de tristeza. *Hoje minha professora está de bom **humor**.*
2. Capacidade que algumas pessoas têm de ser engraçadas. *O aluno participou do jogo com **humor**.*

I i

IDÊNTICO (I-DÊN-TI-CO) *(adjetivo)*

O que é semelhante, igual a outra coisa. *As duas bonecas que Marina ganhou são **idênticas**.*

IMIGRANTE (I-MI-GRAN-TE) *(adjetivo e substantivo)*

Que ou pessoa que vai trabalhar ou morar em um país estrangeiro de forma temporária ou definitiva.

*(adjetivo) Os estudantes daquele grupo são **imigrantes**.*

*(substantivo) Na cidade de São Paulo há **imigrantes** de vários países.*

IMPRENSA (IM-PREN-SA) *(substantivo)*

1. Máquina usada para imprimir.
2. Conjunto de jornalistas que acompanha um fato ou acontecimento. *A **imprensa** deu todos os detalhes da corrida.*

INADEQUADO (I-NA-DE-QUA-DO) *(adjetivo)*

Que não é adequado ou é impróprio. *Aquela gritaria estava **inadequada** para o local.*

INCÔMODO (IN-CÔ-MO-DO) *(adjetivo e substantivo)*

(adjetivo) Que incomoda, que é desconfortável, desagradável. *Estava sentado numa posição bastante **incômoda**.*

(substantivo) Mal-estar, dor. *O **incômodo** no estômago passou logo.*

INCONVENIENTE (IN-CON-VE-NI-EN-TE) *(adjetivo e substantivo)*

(adjetivo) Que não fica bem, que é inadequado. *Pedro fez um comentário **inconveniente** sobre Joana.*

(substantivo) Acontecimento desagradável, dificuldade. *Muitos **inconvenientes** impediram a cantora de se apresentar.*

INDELICADO (IN-DE-LI-CA-DO) *(adjetivo)*

Que não é delicado. O mesmo que grosseiro. *Roberto foi **indelicado** com sua irmã.*

INFELIZ (IN-FE-LIZ) *(adjetivo)*

1. Que não é ou não está feliz.
2. Que não tem sorte.

INJUSTO (IN-JUS-TO) *(adjetivo)*

Que não é justo, que é contra a justiça. *Meu time perdeu porque o juiz foi **injusto**.*

INUNDAÇÃO (I-NUN-DA-ÇÃO) *(substantivo)*

Ato de cobrir com água. O mesmo que alagamento ou enchente. *No mês de março, houve uma grande **inundação** na cidade.*

INVENTOR (IN-VEN-TOR) *(adjetivo e substantivo)*

Que ou quem cria alguma coisa nova, original.

*(adjetivo) O cientista, matemático e **inventor** Leonardo da Vinci foi um dos homens mais criativos da humanidade.*

*(substantivo) O **inventor** da lâmpada elétrica foi Thomas Edison.*

J j

JABUTI (JA-BU-TI) *(substantivo)*

Réptil da mesma espécie da tartaruga. Também é chamado de cágado ou jaboti. No Brasil, o jabuti pode ser encontrado nas matas da Amazônia, do Espírito Santo e de Minas Gerais.

JALECO (JA-LE-CO) *(substantivo)*

Casaco de tecido leve, usado por médicos, dentistas, enfermeiras, etc., para a proteção da roupa durante o trabalho. *A enfermeira colocou seu **jaleco** antes de entrar no hospital.*

JANGADA (JAN-GA-DA) *(substantivo)*

Embarcação feita de troncos de madeira muito leves, amarrados entre si. É construída normalmente com cinco troncos e possui um mastro no qual se ergue uma vela triangular.

JENIPAPEIRO (JE-NI-PA-PEI-RO) *(substantivo)*

Árvore de caule reto com flores branco-amareladas, que dá como fruto o jenipapo.

JOÃO-DE-BARRO (JO-ÃO-DE-BAR-RO) *(substantivo)*

Nome dado a alguns tipos de pássaros brasileiros que constroem seus ninhos de barro em forma de forno. *O **joão--de-barro** constrói sua casa com barro úmido que ele próprio amassa.*

JUÁ (JU-Á) *(substantivo)*

Fruto do juazeiro.

JUAZEIRO (JU-A-ZEI-RO) *(substantivo)*

Árvore comum no sertão brasileiro e que dá um fruto conhecido como juá. *O boi comeu as folhas do **juazeiro**.*

JUSTIÇA (JUS-TI-ÇA) *(substantivo)*

Forma de fazer cumprir uma lei, de reconhecer e garantir os direitos de cada pessoa. *O criminoso vai ser julgado com **justiça** no tribunal.*

JUVENTUDE (JU-VEN-TU-DE) *(substantivo)*

1. Período da vida de um ser humano ou de qualquer ser vivo quando jovem. *Fiquei horas recordando histórias da minha **juventude**.*
2. Conjunto das pessoas jovens. *Estas são as roupas preferidas da **juventude**.*

K k

KARAOKE (caraoquê) *(substantivo)*

1. Divertimento em que as pessoas cantam ao microfone, acompanhadas por músicos ao vivo ou por fundo musical já gravado. *Eu sempre participo de **karaokes**.*
2. Local em que há esse tipo de divertimento. *No meu aniversário, meus amigos e eu fomos a um **karaoke**.*

KETCHUP (quetchupe) *(substantivo)*

Molho de tomate temperado com vinagre e outros ingredientes, com sabor levemente adocicado. *Gosto de sanduíche com **ketchup**.*

kg *(abreviatura)*

Símbolo de quilograma ou quilo. Escreve-se com letras minúsculas. *O pacote de açúcar pesa 5 **kg**.*

KIT *(substantivo)*

Caixa ou estojo com um conjunto de peças ou utensílios.

KIWI (quiuí) *(substantivo)*

Planta que produz frutos de casca marrom, cobertos de pelos e polpa verde--amarelada. O fruto dessa planta.

km *(abreviatura)*

Símbolo de quilômetro ou mil metros. Escreve-se com letras minúsculas. *A cidade fica a mais ou menos 20 **km** daqui.*

KUNG FU *(substantivo)*

Arte marcial criada na China e baseada em exercícios de concentração. É usada também na defesa pessoal.

LI

LABORATÓRIO (LA-BO-RA-TÓ-RIO) *(substantivo)*

1. Local onde são feitas pesquisas científicas, análises químicas, onde se preparam medicamentos, etc. *Fizemos nossos exames médicos no **laboratório**.*
2. Local onde são feitos trabalhos científicos ou artísticos, entre outros. *O **laboratório** da escola ficou repleto de alunos durante a Feira de Ciências.*

LAMPIÃO (LAM-PI-ÃO) *(substantivo)*

Lanterna grande que pode ser carregada na mão ou presa a uma parede ou a um móvel. *O **lampião** funciona a gás, eletricidade ou querosene.*

LEAL (LE-AL) *(adjetivo)*

1. Sincero. *Ricardo foi **leal** com seu amigo.*
2. Que é fiel aos seus compromissos.

LECIONAR (LE-CI-O-NAR) *(verbo)*

Dar aula de alguma coisa a alguém. É o mesmo que ensinar. *O professor começou a **lecionar** muito cedo.*

LEMBRAR (LEM-BRAR) *(verbo)*

1. Puxar pela memória. É o mesmo que recordar. *Ao acordar, **lembrei**-me de dar o presente para minha mãe.*
2. Dar uma ideia ou sugerir. É o mesmo que propor. ***Lembrei** a professora de nos avisar quando faltassem 10 minutos para bater o sinal da saída.*

LENDA (LEN-DA) *(substantivo)*

História inventada pelo povo, que é contada de geração para geração. *As **lendas** antigas trazem muitos ensinamentos.*

LHAMA (LHA-MA) *(substantivo)*

Mamífero herbívoro que tem longos pelos de lã. *A **lhama** é utilizada como animal de carga.*

A B C D E F G H I J K L M N O P Q R S T U V W X Y Z

LIQUIDAR (LI-QUI-DAR) *(verbo)*

1. Resolver ou acabar. ***Liquidamos** o problema dos mosquitos em nosso bairro.*
2. Ajustar, pagar todas as contas. *Vamos **liquidar** a última prestação do carnê.*
3. Vender a preços bem baixos. *A loja **liquidou** todos os brinquedos.*

LOCOMOTIVA (LO-CO-MO-TI-VA) *(substantivo)*

Vagão de trem que puxa ou empurra os outros. *A **locomotiva** tem motores que provocam o movimento de todo o trem.*

LUNAR (LU-NAR) *(adjetivo)*

Que se refere à Lua. *A televisão transmitiu o último eclipse **lunar**.*

M m

MAÇANETA (MA-ÇA-NE-TA) *(substantivo)*

Puxador que move o trinco de uma porta ou janela. *As **maçanetas** das portas foram trocadas.*

MACIEIRA (MA-CI-EI-RA) *(substantivo)*

Árvore que dá a maçã.

MAMÍFERO (MA-MÍ-FE-RO) *(adjetivo e substantivo)*

Animal que tem mamas e que dá de mamar aos seus filhotes.

*(adjetivo) A baleia é um animal **mamífero**.*

*(substantivo) Os **mamíferos** em geral têm quatro patas.*

MANSÃO (MAN-SÃO) *(substantivo)*

Casa muito grande e luxuosa.

MAPA-MÚNDI (MA-PA-MÚN-DI) *(substantivo)*

Mapa que representa toda a superfície da Terra.

MARCENEIRO (MAR-CE-NEI-RO) *(substantivo)*

Profissional que trabalha com madeira, fabricando móveis e objetos de arte.

MARIPOSA (MA-RI-PO-SA) *(substantivo)*

Tipo de inseto noturno que é atraído pela luz. *As **mariposas** voam ao redor da lâmpada acesa.*

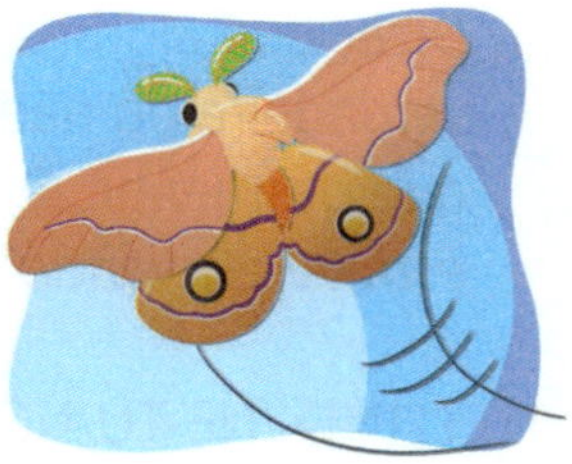

MENDIGO (MEN-DI-GO) *(substantivo)*

Pessoa que pede esmolas para viver. O mesmo que pedinte.

MINIATURA (MI-NI-A-TU-RA) *(substantivo)*

Qualquer coisa de tamanho reduzido, menor que o tamanho natural. *Colecionava **miniaturas** de carros de corrida.*

MURMURAR (MUR-MU-RAR) *(verbo)*

1. Falar em voz muito baixa. É o mesmo que sussurrar.
2. Falar mal de alguém.

Nn

NABO (NA-BO) *(substantivo)*

Tipo de hortaliça. Consome-se sua raiz, que é grossa, comprida ou redonda. *O **nabo** é um alimento saudável.*

NACIONAL (NA-CI-O-NAL) *(adjetivo e substantivo)*

(adjetivo) Que pertence a uma nação. *A bandeira é um símbolo **nacional**.*

(substantivo) Indivíduo que nasceu em um país. *Os **nacionais** do Brasil são chamados de brasileiros.*

NADADEIRA (NA-DA-DEI-RA) *(substantivo)*

1. Parte do corpo dos peixes que os ajuda a nadar. É o mesmo que barbatana. *As **nadadeiras** e as escamas do peixe foram tiradas antes de temperá-lo.*
2. Calçado de borracha utilizado para nadar ou mergulhar. É o mesmo que pé de pato. *Antes do mergulho, vesti as **nadadeiras**.*

NARRADOR (NAR-RA-DOR) *(substantivo)*

Pessoa que narra, que conta alguma coisa falando ou escrevendo. *O* ***narrador*** *de nossas aventuras nas férias fui eu.*

NAVE (NA-VE) *(substantivo)*

Veículo ou embarcação utilizada para fazer viagens pelo espaço. *Os astronautas passaram muitos dias no espaço, a bordo de uma* ***nave****.*

NEGAR (NE-GAR) *(verbo)*

Dizer que alguma coisa não é verdadeira ou não existe. É o mesmo que desmentir. *O aluno* ***negou*** *que estivesse colando na prova.*

NETUNO (NE-TU-NO) *(substantivo)*

Oitavo planeta do Sistema Solar em ordem de distância do Sol.

NÍTIDO (NÍ-TI-DO) *(adjetivo)*

1. Transparente, claro.
2. Algo que é fácil de entender. *A explicação da professora foi* ***nítida****.*

NUBLADO (NU-BLA-DO) *(adjetivo)*

Coberto de nuvens. *Hoje o céu amanheceu* ***nublado****.*

NUTRIDO (NU-TRI-DO) *(adjetivo)*

Alimentado. *O bebê precisa mamar várias vezes ao dia para ficar bem-****nutrido****.*

O o

OBEDECER (O-BE-DE-CER) *(verbo)*

1. Respeitar as ordens dadas por outra pessoa: pai, mãe, avós, professor, chefe, etc. *Os alunos* ***obedeceram*** *ao professor.*
2. Fazer o que o outro diz. *O cãozinho* ***obedeceu*** *a seu dono.*

OBSERVAR (OB-SER-VAR) *(verbo)*

1. Examinar cuidadosamente; olhar com atenção. ***Observei*** *todos os movimentos da bailarina durante o espetáculo.*
2. Estudar alguma coisa. ***Observei*** *os diferentes tipos de folha na aula de Ciências.*

OCA (O-CA) *(substantivo)*

Casa de madeira coberta por palha usada pelos indígenas como moradia.

OCEANO (O-CE-A-NO) *(substantivo)*

Grande quantidade de água salgada que cobre a maior parte da Terra. *O Atlântico é um dos principais **oceanos** que banham nosso planeta.*

OCO (O-CO) *(adjetivo)*

Vazio por dentro. *Aquele galho de árvore está **oco**.*

OCUPADO (O-CU-PA-DO) *(adjetivo)*

1. Alguém que tem muito trabalho a fazer. *Meu pai é um homem muito **ocupado**.*
2. Algo que não está disponível ou que não está livre. *Tivemos de esperar para beber água, pois o bebedouro estava **ocupado**.*

OFICINA (O-FI-CI-NA) *(substantivo)*

1. Local onde se trabalha. *O mecânico conserta os carros na **oficina**.*
2. Curso de pequena duração. *Participamos de uma **oficina** de redação.*

OLFATO (OL-FA-TO) *(substantivo)*

Um dos cinco sentidos do nosso corpo. Por meio dele podemos sentir o cheiro. *O órgão do **olfato** é o nariz.*

ONTEM (ON-TEM) *(advérbio)*

Dia anterior ao de hoje. Dia que já passou. ***Ontem** foi meu aniversário.*

OPOSTO (O-POS-TO) *(adjetivo e substantivo)*

(adjetivo) Contrário, inverso. *Fomos em direções **opostas**.*

(substantivo) O que é inverso, contrário. *A tristeza é o **oposto** da alegria.*

OXIGÊNIO (O-XI-GÊ-NIO) *(substantivo)*

Gás sem cor e sem cheiro que existe em grande quantidade na natureza e é necessário à vida. *Todos os seres vivos precisam de **oxigênio**.*

Pp

PARABENIZAR (PA-RA-BE-NI-ZAR) *(verbo)*

Dar parabéns. ***Parabenizamos** o professor pela conquista do prêmio.*

PARALISAR (PA-RA-LI-SAR) *(verbo)*

Parar, ficar sem movimento. *O guarda **paralisou** o trânsito para que duas senhoras atravessassem a rua.*

PATIM (PA-TIM) *(substantivo)*

Tipo de sapato que tem roda ou lâmina para deslizar no solo ou no gelo. *Ganhei um par de **patins** no Dia das Crianças.*

PERDOAR (PER-DO-AR) *(verbo)*

Desculpar. ***Perdoei** meu irmão pela briga e voltamos a conversar.*

PICHAR (PI-CHAR) *(verbo)*

1. Aplicar piche. *Os operários **picharam** a rua para tampar os buracos do asfalto.*
2. Escrever ou desenhar em muros, paredes etc. ***Pichar** as paredes ou os muros é falta de cuidado com nossa cidade.*
3. Falar mal ou criticar. *Os jornalistas **picharam** o técnico da seleção.*

PICHE (PI-CHE) *(substantivo)*

Substância preta, muito pegajosa, que é obtida do petróleo. *O **piche** é usado para asfaltar as ruas.*

POLIR (PO-LIR) *(verbo)*

Lustrar, dar brilho. *Ajudei meu pai a **polir** o carro.*

POMAR (PO-MAR) *(substantivo)*

Terreno onde são plantadas árvores frutíferas.

PORÃO (PO-RÃO) *(substantivo)*

Parte de uma casa que fica abaixo do térreo. *Guardamos a bicicleta no **porão**.*

PREENCHER (PRE-EN-CHER) *(verbo)*

1. Completar algo sem deixar espaço vazio. *Vou **preencher** todo o desenho com giz de cera.*
2. Ocupar com alguma atividade. *Estava chovendo e fomos ao cinema para **preencher** o tempo.*

PROTEGER (PRO-TE-GER) *(verbo)*

Cuidar de algo ou alguém, abrigando-o ou evitando que se machuque. *A mãe **protege** seu bebê desde o nascimento.*

Q q

QUADRA (QUA-DRA) *(substantivo)*

1. Lugar onde se praticam vários esportes. *Todas as tardes, jogamos vôlei na **quadra** da escola.*
2. Espaço cercado por quatro ruas. *Minha casa fica na segunda **quadra** do condomínio.*

QUADRILHA (QUA-DRI-LHA) *(substantivo)*

1. Dança de pares geralmente apresentada nas festas juninas. *Todo ano, ensaiamos a **quadrilha** para dançar na festa junina da escola.*
2. Grupo de pessoas desonestas ou de ladrões que obedecem a um chefe. *A **quadrilha** foi presa depois de assaltar um banco.*

QUADRO-NEGRO (QUA-DRO-NE-GRO) *(substantivo)*

Painel de madeira ou outro material usado nas escolas para explicações do professor, exercícios dos alunos, etc. É o mesmo que lousa ou quadro de giz.

QUARTEIRÃO (QUAR-TEI-RÃO) *(substantivo)*

Área cercada por quatro ruas. É o mesmo que quadra.

QUARTEL (QUAR-TEL) *(substantivo)*

Edifício onde os soldados ficam alojados.

QUATI (QUA-TI) *(substantivo)*

Animal mamífero pequeno com focinho longo e anéis escuros na cauda. *O **quati** vive em árvores e se alimenta de frutos e carne.*

QUEBRA-CABEÇA (QUE-BRA-CA-BE-ÇA) *(substantivo)*

1. Jogo em que é preciso encaixar várias peças pequenas para formar uma figura. *Ganhei um **quebra-cabeça** de mil peças no meu aniversário.*
2. Tarefa ou problema que preocupa, que é difícil de resolver. *A partir das pistas, conseguimos montar o **quebra-cabeça** e resolver a charada.*

QUESTÃO (QUES-TÃO) *(substantivo)*

1. Algo que precisa ser resolvido. *A **questão** da fome preocupa o país.*
2. Pergunta. *Tenho uma **questão** de História para fazer ao professor.*

QUILÔMETRO (QUI-LÔ-ME-TRO) *(substantivo)*

Medida de comprimento igual a mil metros. *Os alunos andam dois **quilômetros** para chegar até a escola.*

QUITANDA (QUI-TAN-DA) *(substantivo)*

Local onde são vendidas frutas, verduras, ovos e cereais, entre outras coisas. É o mesmo que mercearia ou venda. *Todas as quintas-feiras vou à **quitanda** para comprar legumes frescos.*

Rr

RAÇÃO (RA-ÇÃO) *(substantivo)*

1. Quantidade de alimento que uma pessoa come a cada refeição.
2. Alimento que é dado a um animal. *Compramos **ração** para nosso cachorrinho.*

RADAR (RA-DAR) *(substantivo)*

Equipamento utilizado para localizar objetos ou para medir a velocidade dos carros.

REBELDE (RE-BEL-DE) *(adjetivo e substantivo)*

Que ou quem não cumpre uma ordem ou uma disciplina. É o mesmo que teimoso ou indisciplinado.

*(adjetivo) O motorista **rebelde** não respeitou as leis de trânsito e foi multado.*

*(substantivo) Ninguém conseguia deter os **rebeldes**.*

RECORDAR (RE-COR-DAR) *(verbo)*

Trazer à memória. É o mesmo que lembrar. ***Recordo**-me com muito carinho da minha primeira professora.*

REDUZIR (RE-DU-ZIR) *(verbo)*

Tornar menor. É o mesmo que diminuir.

REPORTAGEM (RE-POR-TA-GEM) *(substantivo)*

Texto que apresenta fatos, opiniões e outras informações sobre determinado assunto. É publicado em jornais escritos e falados, em revistas e na internet.

REPOUSAR (RE-POU-SAR) *(verbo)*

Descansar. *Depois de ter viajado tanto, precisamos **repousar**.*

RETALHO (RE-TA-LHO) *(substantivo)*

Parte que se tira ou se corta de alguma coisa maior, especialmente tecidos. *Na oficina de costura havia muitos **retalhos** de tecido pelo chão.*

ROUPÃO (ROU-PÃO) *(substantivo)*

Peça de vestuário, longa ou curta, aberta na frente, com mangas compridas ou curtas e um cinto do mesmo tecido. Em geral, é usado depois do banho ou depois de sair da praia ou da piscina.

S s

SÁBIO (SÁ-BIO) *(adjetivo e substantivo)*

Que ou aquele que tem muita sabedoria, que sabe muito.

*(adjetivo) Aprendo muitas coisas com meu avô, pois ele é muito **sábio**.*

*(substantivo) Os **sábios** são pessoas muito sensatas.*

SADIO (SA-DI-O) *(adjetivo)*

1. Que tem boa saúde. *Uma boa alimentação torna o homem* ***sadio****.*
2. Que faz bem para a saúde física ou mental. *Caminhar todos os dias é um ato* ***sadio****.*

SAMBA (SAM-BA) *(substantivo)*

1. Música brasileira, que tem muito ritmo. *O* ***samba*** *é uma música muito tocada no Carnaval.*
2. Dança popular brasileira. *Para dançar* ***samba****, é preciso saber rebolar.*

SANITÁRIO (SA-NI-TÁ-RIO) *(adjetivo e substantivo)*

(adjetivo) Que se refere à saúde e à higiene.

(substantivo) O mesmo que banheiro ou privada. *Os* ***sanitários*** *da minha escola são limpos diariamente.*

SARAR (SA-RAR) *(verbo)*

1. Voltar a ter saúde. É o mesmo que ficar curado. *Depois de tomar remédios, repousar e me alimentar bem,* ***sarei****.*
2. Cicatrizar. *Depois de muitos dias, o machucado do meu joelho* ***sarou****.*

SATURNO (SA-TUR-NO) *(substantivo)*

Segundo maior planeta do Sistema Solar. É famoso por seus anéis.

SECAR (SE-CAR) *(verbo)*

1. Retirar a água de alguma coisa. É o mesmo que enxugar. *O vento* ***secou*** *a roupa que estava no varal.*
2. Perder a água. *O poço da fazenda* ***secou****.*

SELVAGEM (SEL-VA-GEM) *(adjetivo)*

1. Que não é domesticado. É o mesmo que feroz. *Encontramos muitos animais* ***selvagens*** *no zoológico.*
2. Que nasce e vive na selva. É o mesmo que silvestre.

SEMBLANTE (SEM-BLAN-TE) *(substantivo)*

Rosto, face. Também pode ser aparência. *Isabela estava com um* ***semblante*** *feliz.*

SEMESTRE (SE-MES-TRE) *(substantivo)*

Período de seis meses. *Durante o primeiro* ***semestre****, pude conhecer melhor os novos colegas de classe.*

SEMPRE (SEM-PRE) *(advérbio)*

1. O tempo todo. *Enquanto estivermos vivos, nosso coração* ***sempre*** *baterá.*
2. Em todas as ocasiões. ***Sempre*** *almoça no mesmo lugar.*

SÍLABA (SÍ-LA-BA) *(substantivo)*

Cada uma das partes em que se pode dividir uma palavra. *Português é uma palavra que tem três* ***sílabas****: por-tu-guês.*

T t

TALENTO (TA-LEN-TO) *(substantivo)*

Facilidade para fazer alguma coisa. *Minha amiga tem* ***talento*** *para cantar.*

TAPIOCA (TA-PI-O-CA) *(substantivo)*

1. Farinha feita de mandioca ou aipim. É o mesmo que polvilho. *Preparamos pratos doces e salgados com a* ***tapioca****.*
2. Massa feita com essa farinha e recheada com coco ralado, leite condensado, queijo, etc.

TARIFA (TA-RI-FA) *(substantivo)*

Preço cobrado pelo transporte de passageiros a determinada distância. *Neste mês a* ***tarifa*** *do ônibus subiu.*

TATO (TA-TO) *(substantivo)*

Um dos cinco sentidos do nosso corpo. Por meio dele podemos sentir o calor, o frio, a forma e a espessura dos objetos. *O órgão do* ***tato*** *é a pele.*

TECER (TE-CER) *(verbo)*

Entrelaçar fios, palha ou outro material para produzir tecidos, esteiras, cestos, etc. *Muitos indígenas* ***tecem*** *cestos e redes com fibras de palmeira.*

A B C D E F G H I J K L M N O P Q R S T U V W X Y Z

TELESPECTADOR (TE-LES-PEC-TA-DOR) *(substantivo)*

Pessoa que assiste a algo pela televisão. *Muitos **telespectadores** assistem aos jornais.*

TERMÔMETRO (TER-MÔ-ME-TRO) *(substantivo)*

Instrumento utilizado para medir a temperatura dos corpos. *O médico mediu a febre do bebê com o **termômetro**.*

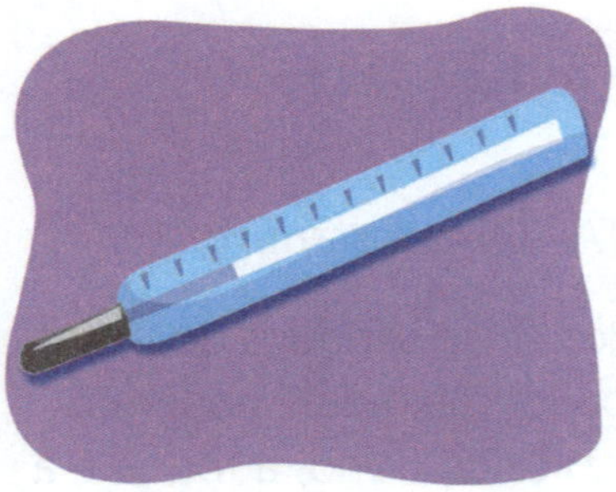

TOBOGÃ (TO-BO-GÃ) *(substantivo)*

Rampa ondulada em que se desce escorregando. *O **tobogã** é meu brinquedo predileto.*

TOLDO (TOL-DO) *(substantivo)*

Peça, geralmente de lona, utilizada para cobrir ou abrigar pessoas ou objetos. *Coloquei um **toldo** na janela do meu quarto para protegê-la das chuvas.*

TRIMESTRE (TRI-MES-TRE) *(substantivo)*

Período de três meses. *Em minha escola faço provas a cada **trimestre**.*

U u

UIVAR (UI-VAR) *(verbo)*

Gritar, berrar. *O lobo e o cão são animais que **uivam**.*

ULTRAPASSAR (UL-TRA-PAS-SAR) *(verbo)*

Superar, ir além, passar à frente. *Durante a corrida, **ultrapassei** meu colega.*

ÚMIDO (Ú-MI-DO) *(adjetivo)*

Um pouco molhado, levemente molhado. *Minha mãe limpa a sala com um pano **úmido**.*

UNIÃO (U-NI-ÃO) *(substantivo)*

Ato de ficar junto, de juntar coisas ou pessoas que estavam separadas. *Na partida final do campeonato, as torcidas dos dois times demonstraram muita **união**.*

UNISSEX (U-NIS-SEX) *(adjetivo)*

Que pode ser usado tanto por homens quanto por mulheres. *Comprei um paletó* ***unissex****.*

URGENTE (UR-GEN-TE) *(adjetivo)*

Que precisa ser feito ou atendido imediatamente, que não pode ser deixado para depois. *Recebi um recado muito* ***urgente****!*

USUÁRIO (U-SU-Á-RIO) *(substantivo)*

Aquele que usa algum serviço. *O número de* ***usuários*** *da internet é muito grande.*

V v

VACINA (VA-CI-NA) *(substantivo)*

Substância que é introduzida no organismo para evitar doenças. *Os bebês precisam tomar diversas* ***vacinas*** *no primeiro ano de vida.*

VÁCUO (VÁ-CUO) *(substantivo)*

Espaço vazio onde não existe ar.

VAIDADE (VA-I-DA-DE) *(substantivo)*

Grande desejo de receber atenção e admiração dos outros. *Minha irmã tem uma* ***vaidade*** *inacreditável.*

VEGETAL (VE-GE-TAL) *(substantivo)*

1. O mesmo que planta. *Os* ***vegetais*** *precisam de água e de luz para sobreviver.*
2. O mesmo que hortaliça. *Uma alimentação saudável deve incluir muitos* ***vegetais****.*

VELOZ (VE-LOZ) *(adjetivo)*

Que anda depressa ou corre. *Minha moto é muito* ***veloz***.

VERTEBRADO (VER-TE-BRA-DO) *(adjetivo)*

O que tem coluna vertebral e ossos. *O homem é um animal* ***vertebrado***.

VIRTUAL (VIR-TU-AL) *(adjetivo)*

1. Que não existe de verdade, mas apenas como possibilidade. *Tenho um amigo* ***virtual***.
2. Que pode ou não se realizar. *Pedro é um candidato* ***virtual***.

VISÃO (VI-SÃO) *(substantivo)*

1. Um dos cinco sentidos do nosso corpo. Por meio dela vemos todo o mundo à nossa volta. *O órgão da* ***visão*** *é o olho*.
2. Imagem que se acredita ver em sonhos, que não é real.

VOGAL (VO-GAL) *(substantivo)*

Letra que representa um som e que, juntando-se a uma consoante, dá origem à sílaba.

VULCÃO (VUL-CÃO) *(substantivo)*

Montanha com uma grande abertura que lança material em brasa a altíssimas temperaturas. O material que sai do vulcão chama-se lava.

W w

WAFFLE (uófou) *(substantivo)*

Tipo de panqueca assada, de massa grossa, que é consumida pura ou com geleia, mel ou manteiga.

W.C. *(abreviatura)*

Abreviatura do inglês *watercloset*. Banheiro, toalete.

WEB (uéb) *(substantivo)*

Do inglês *web*, rede. O mesmo que internet, a rede mundial de computadores.

WWW *(abreviatura)*

Do inglês *world wide web*, rede mundial. O mesmo que *web*.

X x

XALE (XA-LE) *(substantivo)*

Manto, geralmente de lã ou de seda, usado sobre os ombros.

XAMPU (XAM-PU) *(substantivo)*

Sabonete líquido usado para lavar os cabelos e o couro cabeludo. *Existem **xampus** também para cachorros.*

XARÁ (XA-RÁ) *(substantivo)*

Pessoa que tem o mesmo nome que outra.

XAROPE (XA-RO-PE) *(substantivo)*

Remédio líquido e adocicado geralmente usado para tratar a tosse.

XERIFE (XE-RI-FE) *(substantivo)*

Pessoa responsável por garantir que sejam cumpridas as leis e que seja mantida a ordem nas cidades dos Estados Unidos.

XINGAR (XIN-GAR) *(verbo)*

Ofender alguém ou alguma coisa com palavras que machucam ou magoam. *A torcida **xingou** o juiz durante a partida de futebol.*

Y y

YAKISOBA (iaquissôba) *(substantivo)*

Comida japonesa preparada com macarrão e verduras refogadas.

A B C D E F G H I J K L M N O P Q R S T U V W X Y Z

Z z

ZABUMBA (ZA-BUM-BA) *(substantivo)*

Espécie de tambor.

ZANGADO (ZAN-GA-DO) *(adjetivo)*

Bravo, aborrecido, de mau humor. *Meu irmão ficou muito **zangado** comigo porque eu mexi nas coisas dele.*

ZANGÃO (ZAN-GÃO) *(substantivo)*

Macho da abelha. Não produz mel.

ZELADOR (ZE-LA-DOR) *(substantivo)*

Pessoa encarregada de cuidar da limpeza e conservação de um prédio de apartamentos ou de escritórios. *José é o **zelador** do nosso prédio.*

ZOMBAR (ZOM-BAR) *(verbo)*

Caçoar, rir de alguém com o objetivo de magoá-lo. É o mesmo que debochar. *Durante a briga, os meninos ficaram **zombando** um do outro.*

ZONA (ZO-NA) *(substantivo)*

Área ou espaço delimitado. *Moro na **zona** sul da cidade.*

ZOOLÓGICO (ZO-O-LÓ-GI-CO) *(substantivo)*

Lugar onde ficam em exposição permanente várias espécies de animais. O mesmo que jardim zoológico. *Gosto muito de ir ao **zoológico** passear.*